ACCESO GRATIS a la Lectura en la Nube

Para visualizar el libro electrónico en la nube de lectura envíe junto a su nombre y apellidos una fotografía del código de barras situado en la contraportada del libro y otra del ticket de compra a la dirección:

ebooktirant@tirant.com

En un máximo de 72 horas laborables le enviaremos el código de acceso con sus instrucciones.

EDUCACIÓN PARA LA CIUDADANÍA GLOBAL: EXPERIENCIAS DOCENTES, AVANCES Y OPORTUNIDADES

JUANITA PEDRAZA
CÓRDOBA
ANA DOLORES VARGAS
SÁNCHEZ
(*Coordinadoras*)

EDUCACIÓN PARA LA CIUDADANÍA GLOBAL: EXPERIENCIAS DOCENTES, AVANCES Y OPORTUNIDADES

Universidad de
La Sabana

tirant humanidades
Valencia, 2025

© Varios autores

© TIRANT LO BLANCH
EDITA: TIRANT LO BLANCH
C/ Artes Gráficas, 14 - 46010 - Valencia
TELFS.: 96/361 00 48 - 50
FAX: 96/369 41 51
Email:tlb@tirant.com
www.tirant.com
Librería virtual: www.tirant.es
DEPÓSITO LEGAL: V-758-2025
ISBN: 978-84-1081-122-5
MAQUETA: Disset Ediciones

Si tiene alguna queja o sugerencia, envíenos un mail a: *atencioncliente@tirant.com*. En caso de no ser atendida su sugerencia, por favor, lea en *www.tirant.net/index.php/empresa/politicas-de-empresa* nuestro procedimiento de quejas.

Responsabilidad Social Corporativa: http://www.tirant.net/Docs/RSCTirant.pdf

ÍNDICE

Eric Ortega González

Víctor Javier Medina Chisaba

PRESENTACIÓN

Este libro recoge parte de los resultados del proyecto de cooperación "Fomentando la ciudadanía global en la educación superior" cofinanciado por las Universidades Carlos III de Madrid (España)[1] y Universidad de La Sabana (Colombia)[2].

Durante 2024, el proyecto se centró en dos pilares principales: la asignatura "Convivencia, Paz y Ciudadanía" de segundo semestre y la participación del semillero de investigación "Ciudadanía, Convivencia y Cultura de Paz integrando tecnologías", compuesto por estudiantes de las licenciaturas en Educación Inicial y Ciencias Naturales de la Facultad de Educación de la Universidad de La Sabana. En el marco de estas actividades educativas y pedagógicas, los integrantes de los diversos grupos han unido sus saberes, experiencias y conocimientos previos para desarrollar materiales didácticos y académicos, sugerir y poner en práctica iniciativas, además de brindar asesoramiento y guía a los alumnos.

Durante el periodo de ejecución del proyecto, se ha realizado una estancia, en la Universidad Carlos III de Madrid, de miembros de la comunidad universitaria de la Universidad de La Sabana, dentro de la cual se impartieron espacios académicos dirigidos a estudiantes y profesores: "Ciudadanía Global: estrategias para el profesorado" con el objetivo de reflexionar sobre el potencial y limitaciones del fomento de la Educación para la Ciudadanía Global en el entorno universitario y promover la colaboración interinstitucional (curso para profesores orientado en septiembre de 2024); y dos talleres para estudiantes sobre "Ser Ciudadano Global: una reflexión constante" dictado por la profesora Dra. Ana Dolores Vargas Sánchez (octubre de 2024).

[1]   XV Convocatoria de Ayudas para Proyectos De Cooperación Al Desarrollo de la Universidad Carlos III De Madrid

[2]   Financiado desde la Facultad de Educación de la Universidad De La Sabana

De la misma manera, se realizó una estancia académica de la profesora Dra. Juanita Pedraza Córdoba en el campus de la Universidad de La Sabana, en el mes de julio del año 2024. Durante este período, la profesora impartió clases magistrales y brindó tutorías especializadas a los estudiantes que cursaban las asignaturas fundamentales que conforman los pilares del presente proyecto. Asimismo, se llevó a cabo la planificación y ejecución del II Seminario Internacional enfocado en la Educación para la Ciudadanía Global, realizado en el mes de agosto de 2024.

Además de este valioso libro, que recopila algunas de las experiencias compartidas durante el Seminario, así como los destacados trabajos individuales de los miembros de los equipos participantes, se ha logrado consolidar la participación a través de ponencias presentadas en diferentes eventos académicos internacionales como *IX Congreso Universidad y Cooperación al Desarrollo: Nuevos escenarios y retos* organizado por la Universidad Autónoma de Madrid. Adicional, en *EDUTEC 24 XXVII Congreso Internacional sobre tecnología educativa* organizado por la Universidad de Sevilla, las profesoras líderes del proyecto coordinaron el simposio *Educación para la Ciudadanía Global desde las TIC* en el cual participaron con 4 ponencias sobre este campo presentadas por estudiantes de pregrado y doctorado.

La ejecución de este proyecto, refleja el interés profundo y genuino de los integrantes y participantes del proyecto por llevar a cabo y realizar actividades de sensibilización, concienciación y formación dirigidas a las comunidades educativas en relación con la ciudadanía global y los ODS, todo ello bajo la sólida y firme convicción de que, enriqueciéndose y nutriéndose del diálogo multidisciplinario y diverso, contribuirán de manera efectiva y significativa a la transformación y cambio necesario, imperante y esencial que debe impregnar y permear la totalidad y completitud de la actividad docente y educativa en su conjunto. La Universidad Carlos III de Madrid y la Universidad de La Sabana manifiestan de forma clara y contundente su compromiso por contribuir de manera significativa a la mejora sustancial de la sociedad. Este compromiso se materializa a través de la formación integral y completa de estudiantes que se identifican y definen a sí mismos como ciudadanos globales comprometidos. Estos estudiantes están dispuestos a colaborar de manera activa, participativa y comprometida en la consecución y logro de los objetivos globales, en particular, con los Objetivos de Desarrollo Sostenible (ODS).

CIUDADANÍA GLOBAL: EXPERIENCIAS DOCENTES EN LA UC3M

Juanita Pedraza Córdoba
Universidad Carlos III de Madrid
jpedraza@der-pu.uc3m.es

INTRODUCCIÓN

Desde que se produce la declaración de la UNESCO "Global citizenship education: topics and learning objectives" (UNESCO, 2015,14) en la que se anima a los países a encaminar sus esfuerzos hacia la realización del objetivo de formar ciudadanos globales, han transcurrido más de 8 años y el mundo ha enfrentado una pandemia que nos ha hecho más conscientes del grado de interdependencia entre los sujetos; sin embargo, los avances en este campo no son tan significativos como cabría de esperar (y desear), basta un ejemplo para la ilustrar la situación. En un estudio cuantitativo elaborado por el Observatorio de Educación y Democracia de la Fundación Gregorio Peces Barba para el año 2022, se analizaron las diferentes webs de institutos españoles para tratar de identificar contenidos de educación para la ciudadanía global (ECG), advirtiendo las siguientes tendencias:

Tabla 1. Contenidos de ciudadanía global en los institutos españoles.

Comunidad autónoma	Número de centros	Número de centros con información en la web	Representatividad de la muestra (% institutos con web dentro del conjunto de institutos)	Porcentaje de contenidos (%)
Cataluña	1220,00	375,00	30,74	58,13
Galicia	533,00	175,00	32,83	33,71
País vasco	409,00	143,00	34,96	44,76
Navarra	123,00	45,00	36,59	31,11
Baleares	175,00	90,00	51,43	38,89
Aragón	217,00	139,00	64,06	34,53
Andalucía	1564,00	1060,00	67,77	68,77
Extremadura	207,00	146,00	70,53	89,04
Castilla la Mancha	347,00	260,00	74,93	16,54
Castilla y León	433,00	341,00	78,75	25,51
Valencia	743,00	595,00	80,08	31,26
Canarias	306,00	246,00	80,39	32,93
Ceuta y Melilla	22,00	18,00	81,82	44,44
Rioja	56,00	48,00	85,71	22,92
Madrid	939,00	864,00	92,01	47,57
Asturias	83,00	78,00	93,98	10,26
Murcia	229,00	219,00	95,63	12,33
Cantabria	101,00	99,00	98,02	14,14

Fuente: Observatorio de Educación y Democracia – Fundación Gregorio Peces Barba. Elaboración propia

Los datos son ilustrativos: la media entre los datos más representativos (teniendo por tales aquellos que corresponden a más del 60% de los institutos) sólo alcanza un 34, 63% de contenidos y la mediana se sitúa en el 31, 26%. Salvo Andalucía y Extremadura, el resto de las comunidades autónomas no evidencian un mayor interés por la implementación del enfoque de ciudanía global en sus aulas. Es evidente que estas cifras no tienen la pretensión, ni la virtualidad, de dar cuenta de todo el fenómeno, toda vez que se trata de búsquedas de palabras claves en contenidos web que sólo arrojan indicios sobre la realidad de las cuestiones indagadas, sin embargo, sí que constituyen un punto de partida para la reflexión acerca de la magnitud de los esfuerzos por implementar ECG en las aulas de secundaria y bachillerato: el resultado no puede interpretarse en clave de desaliento, sino más bien de oportunidad. Con algunas honrosas excepciones (como Extremadura y Andalucía) los esfuerzos han sido tímidos, pero es importante destacar que se han acometido en todo el territorio: la ECG no es un enfoque desconocido en las aulas, quizás porque, tal y como lo indica Boni (2011, 67-71), se trata de la quinta generación de la educación para el desarrollo (ED) y, aquellas comunidades autónomas que se han mostrado abiertas a la incorporación de este enfoque, han realizado el tránsito hacia esta versión actualizada del mismo.

Dejando de lado, por exceder el objeto de esta reflexión, el análisis de las causas de las disparidades entre los territorios, así como la caracterización de las metodologías y recursos empleados para la implementación de la ECG en las aulas españolas de secundaria y bachillerato, lo relevante, a los efectos de este escrito, es destacar que sólo algunos estudiantes universitarios han estado inmersos en procesos de enseñanza-aprendizaje de ciudadanía global, no necesariamente homogéneos, toda vez que una de las dificultades que enfrenta el enfoque es la multiplicidad de interpretaciones que se le han dado a su contenido (Estelles & Fischman, 2021; Boni et al., 2012, Goren & Yemini, 2017), diversidad conflictiva, que entre otras razones, condujo a renombrar el enfoque como ciudadanía mundial (ECM), en lugar de global.

En todo caso, esa ausencia de bagaje o experiencia previa en ECG de los estudiantes, ha de ser un acicate para las universidades. Si bien la ECG es un proceso de formación durante toda la vida (UNESCO, 2015), el hecho de que los estudiantes no estén familiarizados con la noción, ni hayan desarrollado conscientemente competencias asociadas a la misma (Pedraza, 2023, 18) durante la etapa preuniversitaria, no significa que la Universidad pueda hacer oídos sordos a su misión como formadora de ciudadanos, justificándose en la necesidad de contar con una base conceptual, socioemocional y actitudinal previa. Hay que suplir esta falencia, si realmente la hubiera, toda vez que resulta más ajustado al núcleo misional de las universidades el asumir la responsabilidad de encauzar los esfuerzos previos, meditados o espontáneos, que se han desarrollado en los institutos y colegios, para continuar adquiriendo las competencias que la UNESCO destaca en la Recomendación sobre la educación para la paz y los derechos humanos, la comprensión internacional, la cooperación, las libertades fundamentales, la ciudadanía mundial y el desarrollo sostenible (2023):

> a) pensamiento analítico y crítico: la capacidad de cuestionar normas, prácticas y opiniones, de analizar y comprender críticamente sistemas complejos y entornos multiculturales y de comprender las dinámicas de poder y las interconexiones entre los países, las poblaciones y el entorno natural, así como entre los planos local, nacional, regional y mundial;
>
> b) anticipación: la capacidad de actuar como agentes de cambio y la aptitud para evaluar y comprender las oportunidades y amenazas nuevas y futuras y para adaptarse a las nuevas posibilidades con miras a promover un futuro pacífico, justo, igualitario, equitativo, inclusivo, saludable y sostenible para todos;
>
> c) el respeto de la diversidad: la capacidad de comprender, valorar y respetar la igualdad de dignidad y de derechos de todas las personas, con independencia de su raza, color, ascendencia, género, edad, idioma, religión, opiniones políticas, origen nacional, étnico o social, condición económica o social de nacimiento,

discapacidad o cualquier otro factor, así como sus necesidades, perspectivas y acciones pacíficas, y de valorar sus diversos sistemas de conocimiento y actividades de aprendizaje;

d) la autoconciencia: la capacidad de reconocer los valores, percepciones y acciones personales y reflexionar de manera crítica sobre ellos, de conocerse, valorarse y estar en paz consigo mismo, de comprender y gestionar las emociones, de sentir y mostrar empatía y de respetar a los demás y la función que se desempeña en la comunidad local, nacional, regional y mundial;

e) el sentimiento de conexión y pertenencia a una humanidad común y diversa y al planeta Tierra: la capacidad de entender la humanidad como una comunidad global que comparte la responsabilidad de proteger la salud del planeta y de respetar las necesidades y los derechos de los demás, de otros seres vivos y de la propia naturaleza;

f) el empoderamiento, la capacidad de acción y la resiliencia: la motivación, la confianza y la capacidad de actuar y responder de forma eficaz, proactiva, consciente y responsable a los desafíos en los planos local, nacional, regional y mundial, al tiempo que se es capaz de hacer frente a los riesgos, los conflictos de objetivos y las incertidumbres;

g) las competencias para tomar decisiones: la capacidad de evaluar las repercusiones de las acciones y de tomar decisiones utilizando la información disponible de fuentes diversas y fiables;

h) las competencias de colaboración: la capacidad de comunicar eficazmente sentimientos y opiniones de forma constructiva y de participar en interacciones de colaboración, así como en la planificación participativa y la solución conjunta de problemas caracterizadas por un comportamiento responsable y respetuoso;

i) las competencias de adaptación y creatividad: la capacidad de adaptarse, participar, crear, innovar y prosperar en un entorno que evoluciona rápidamente y en contextos diversos y cambiantes, de modo que las nuevas ideas se transformen en acciones;

j) las competencias de ciudadanía: la capacidad de actuar de manera ética y responsable y de participar plenamente en la vida cívica y social, en la era digital y en un contexto local, nacional y mundial;

k) las competencias de solución y transformación pacíficas de conflictos: la capacidad de afrontar los conflictos y de contribuir a su prevención, mediación y solución de forma pacífica, constructiva y negociada y de poner fin a los ciclos de violencia y hostilidad;

l) la alfabetización mediática e informacional y las competencias digitales y de comunicación: la capacidad de buscar eficazmente, evaluar críticamente, producir éticamente, utilizar y difundir la información y el conocimiento, así como de acceder a ellos, mediante diversos canales y tecnologías. Se trata también de ser resiliente, poder detectar y combatir la desinformación y la información errónea, el discurso de odio, todas las formas de violencia, incluida la violencia de género, los contenidos nocivos y el abuso y la explotación en línea, comprender los propios derechos y responsabilidades tanto en línea como en los demás medios y participar en entornos digitales de forma segura, eficaz, perspicaz y respetuosa, que refuerce la seguridad digital y proteja la privacidad.

Los objetivos precitados responden a la amplia denominación que posee la propia recomendación, en la que se mezclan la ECM, con la educación para la paz, educación para los derechos humanos y la educación para el desarrollo sostenible. Se ha dejado indicado en otros trabajos (Pedraza, 2023) que, pese a la estrecha relación entre estos conceptos, la ECG posee una sustantividad propia fundada en el sentido de pertenencia a la raza humana, que permite reconocer interconexión e interdependencia entre los miembros de la raza y se traduce en una acción proactiva en defensa de los intereses colectivos. La dimensión del reconocimiento demanda estar en posesión de pensamiento crítico, innovador y adaptativo, resiliente a la desinformación y respetuoso de la diversidad, al tiempo que la agencia exige el desarrollo de competencias de anticipación, empoderamiento y colaboración. Al conjugar estas competencias con las que caracterizan, verbigracia, los enfoques de educación para la paz (autoconciencia, resolución de conflictos), derechos humanos (anticipación, respeto a la diversidad) y desarrollo sostenible (ciudadanía y conexión a la tierra) se obtiene una formación integral como la propuesta por Monge & Boni (2023).

Reencauzar y reforzar estas competencias en las universidades es uno de los retos que se plantean, no sólo desde las instancias internacionales (UNESCO, 2023), sino también desde las nacionales, tal y como lo pone de presente el art. 11 de la Ley 1/2023, de 20 de febrero, de Cooperación para el Desarrollo Sostenible y la Solidaridad Global, que impone a las administraciones educativas y demás organismos competentes, el deber de "promover en la sociedad española la información, el conocimiento crítico y la comprensión de las dimensiones globales del desarrollo sostenible y la solidaridad". Así las cosas, sólo resta confiar en que los responsables públicos, desde sus ámbitos competenciales, den cumplimiento a estas exigencias, suministrando los recursos materiales y personales que demanda el desarrollo de un esfuerzo de esta naturaleza. Sin embargo, razonando en el mismo sentido que cuando se plantea la relación entre la universidad y los institutos, la ausencia de un esfuerzo institucional no impide la ejecución de proyectos singulares por parte de los docentes, que propicien la apertura de espacios de discusión sobre el enfoque, tal y como se expone a continuación.

EXPERIENCIAS DOCENTES EN CIUDADANÍA GLOBAL DESARROLLADAS EN LA UNIVERSIDAD CARLOS III DE MADRID.

A continuación, se exponen brevemente las características de la planificación, metodología y evaluación, que han sido empleadas en el marco de dos asignaturas diferentes, dentro de las cuales, se ha intentado emplear el enfoque de CM:

2.1 Asignatura de humanidades: "Ciudadanía global: un desafío ineludible"

Esta asignatura que se imparte en los grados de Administración y Dirección de Empresas (ADE) y grado en Informática, integra la oferta de asignaturas para cursar los créditos de humanidades que deben superar los estudiantes de la uc3m, en aras de desarrollar un proceso de formación integral, animado por el propio lema que aparece en el escudo de la institución: *homo homini sacra res.*

La asignatura es de 3 créditos ECTs lo que supone llevar a cabo 14 sesiones durante el cuatrimestre de 90 minutos. La evaluación es 100% continua, esto es, no hay ninguna prueba o entrega al finalizar el cuatrimestre, de forma tal que el grado de aprovechamiento de los estudiantes se evalúa durante todas las clases.

Se usa un enfoque fractal que va desde la propia organización hasta lo global y la metodología empleada es la de análisis de casos. Así las cosas, las primeras clases, de tipo magistral, se dedican al análisis de la universidad, como organización administrativa y a la comprensión del estatuto del estudiante (conjunto de derechos y obligaciones), promoviendo la discusión y participación de los alumnos. A continuación, se abordan los temas locales, instando a los estudiantes a que trabajen en grupo e identifiquen acciones de ciudadanía global, en el ámbito municipal, impulsadas por personas jóvenes. Similar metodología se emplea en las sesiones siguientes, enfocadas en el nivel nacional y en el global.

La asignatura se imparte desde el curso 2022/23 y el interés, así como la participación de los estudiantes, no ha sido homogénea. En el primer curso se matricularon 14 estudiantes, en el segundo 29 y en el tercero no se pudo impartir por falta de matriculados (sólo hubo 3 estudiantes interesados). Como aspecto a destacar, los estudiantes propusieron casos muy cercanos a sus propios intereses (política, moda, medio ambiente, entre otros), generalmente liderados por un solo sujeto y no por organizaciones (v.g acciones contra el cambio climático de Greta Thumberg). El análisis de casos tampoco fue homogéneo: en algunos eventos fue muy descriptivo y en otros tantos los grupos expusieron un pensamiento crítico y propositivo.

2.2. Clínica Jurídica

La clínica jurídica es una asignatura optativa de 3 ECTs que se imparte en los grados de Derecho (grado en Derecho y todos los dobles grados). En desarrollo de la misma se emplea la metodología de aprendizaje servicio (Pedraza, 2020) que atiende el doble objetivo de contribuir con el desarrollo de la colectividad y aplicar los conocimientos adquiridos durante el grado.

Las actividades que se realizan en desarrollo de las clínicas son diversas: (a) atención de consultas jurídicas cuya resolución no precise estar en posesión del título de abogado; (b) talleres de divulgación jurídica, (c) talleres para la adquisición de competencias transversales (socioemocionales y conductual) y (d) proyectos.

Se recurre al ECM para fomentar el desarrollo de competencias transversales (empatía, escucha activa, diversidad), el sentido de pertenencia a un colectivo global a través del cocimiento de las experiencias y necesidades de personas que provienen de diferentes culturas, lugares y se encuentran en situaciones de vulnerabilidad social o económica que no resultan próximas, de forma ordinaria, a los estudiantes, el empoderamiento ciudadano (tanto del estudiante que realiza la clínica, como el destinatario de la acción) y la agencia (el estudiante ejecuta acciones positivas en la defensa de los intereses de los ciudadanos, dando voz a quién la necesita).

Para la evaluación se emplean métodos de autoevaluación (los estudiantes deben cumplimentar un portafolio [Pedraza, 2023]) y de heteroevaluación, atendiendo los criterios expuestos al inicio del curso.

La actividad clínica y, en general, las metodologías de aprendizaje servicio, encajan de manera natural en el enfoque ECM (Redondo, 2019). Como evidencia de ello, constan en los portafolios de los estudiantes manifestaciones en el sentido de que la experiencia les ha abierto las miras sobre lo que los rodea, obligándolos a realizar ejercicios significativos de empatía y que la acción proactiva en defensa de los derechos de la colectividad les ha permitido tomar conciencia, no sólo de la existencia de otros entornos y condiciones, sino de la relación y proximidad entre éstos y los suyos propios.

OPORTUNIDADES

De las experiencias docentes sucintamente narradas y, en general, del entorno normativo, se identifican varios espacios de "oportunidad" para la implementación del enfoque ECM:

En el caso español, la nueva ley de cooperación precitada impulsa, de forma decidida, la utilización de este enfoque. Resulta deseable que la ejecución del mandato legal se traduzca en normas reglamentarias sobre programas, objetivos y competencias, o cuando menos, directrices de las autoridades educativas en ese sentido. Así mismo, se requiere formación para los docentes y garantizar la disponibilidad de medios para introducir los cambios que la utilización del enfoque impongan.

En Colombia, por su parte, la institución del servicio social estudiantil (Decreto 1075/2015 del Sector Educación; art. 2.3.3.1.6.4) y el servicio social obligatorio en la educación superior (Ley 30/1992; art. 120) constituye un espacio de excepción para la promoción de la ciudadanía global. Este servicio que, con el tiempo, ha ido transformándose en el marco de los programas de las diferentes titulaciones, debería volver a ocupar un lugar central dentro del proceso formativo para dar la oportunidad a los estudiantes de percibir claramente la realidad que los rodea y contribuir a la mejora de las condiciones de vida de los ciudadanos. Estas actividades promueven la agencia y posibilitan la formación del pensamiento crítico propugnado por la UNESCO en sus decisiones sobre ECM.

REFERENCIAS

Boni Aristizábal, A. (2011). Educación para la ciudadanía global. Significados y espacios para un cosmopolitismo transformador. *Revista Española de Educación Comparada*, (17), 65-85. http://dx.doi.org/10.5944/reec.17.2011.7545

Boni Aristizábal, A. (2012). La educación para el desarrollo como educación para las ciudadanías globales. *I+ T+ C-Research, Technology and Science-Unicomfacauca, 1*(6), 59-72. https://revistas.unicomfacauca.edu.co/ojs/index.php/itc/article/view/itc2012_pag_59_72

Boni Aristizabal, A., Hofmann-Pinilla, A., & Sow Paino, J. (2012). Educando para la ciudadanía global. Una experiencia de investigación cooperativa entre docentes y profesionales de las ONGD. *Estudios Sobre Educación*, 23, 62-81. https://doi.org/10.15581/004.23.2049

Estellés, M., & Fischman, G. E. (2021). Who needs global citizenship education? A review of the literature on teacher education. *Journal of Teacher Education, 72*(2), 223-236. https://doi.org/10.1177/0022487120920254

Goren, H., & Yemini, M. (2017). Global citizenship education redefined–A systematic review of empirical studies on global citizenship education. International Journal of Educational Research, 82, 170-183. http://dx.doi.org/10.1016/j.ijer.2017.02.004

Monge Hernández, C. & Boni Aristizábal, A. (2023). Metodología para el diagnóstico de la integralidad de la extensión en la formación universitaria. *Universidad en Diálogo: Revista de Extensión, 13*(1), 83-107. https://doi.org/10.15359/udre.13-1.4

Pedraza Córdoba, J. El portafolio y su utilización en la enseñanza del derecho desde una perspectiva de ciudadanía global (2023) En Pedraza Córdoba, J y Vargas Sánchez Ana (coord.) Educación Para La Ciudadanía Global: Un Desafío Ineludible, (41-64), Tirant Lo Blanch, 978-84-19588-98-2

Pedraza Córdoba, J. Una aproximación al concepto de ciudadanía global (2023). En Pedraza Córdoba, J y Vargas Sánchez Ana (coord.) Educación Para La Ciudadanía Global: Un Desafío Ineludible, (23-34), Tirant Lo Blanch. 978-84-19588-98-2

Redondo Jiménez, P. (2019). La metodología aprendizaje-servicio desde el enfoque de educación para la ciudadanía global. *Journal of Parents and Teachers*, (380), 60-64. http://dx.doi.org/10.14422/pym.i380.y2019.010

CIUDADANÍA GLOBAL EN LA EDUCACIÓN DIGITAL: DOS MUNDOS DISTANTES

Ana Dolores Vargas Sánchez
Universidad de La Sabana
ana.vargas@unisabana.edu.co

Este apartado entreteje diferentes ideas y reflexiones teóricas que surgieron del II Seminario Internacional de Ciudadanía Global al hacerse evidente el cambio constante y a gran velocidad que se ha dado con la aparición de nuevas tecnologías que emergen a diario, las cuales han permeado distintos ámbitos de la sociedad, entre ellos la educación (Elías, 2018; Montaño, et. al., 2023; Lengua, et. al. 2020; Haleem, et. al., 2022). Parte de esto, nos ha llevado como equipo de investigación a considerar reflexiones alrededor de cuestionamientos como ¿qué sucede en la educación ante la presencia de tecnologías emergente? ¿cómo el ejercicio de ciudadanía global se va transformando por la presencia de estas tecnologías?

Si bien es cierto que las relaciones presenciales se continúan construyendo, también es verdad que las relaciones en línea y medidas por el uso de tecnología cada vez están tomando más fuerza, pero también surgen nuevas funciones y desafíos (Bessarab, et. al., 2022). Un ejemplo de ello es la comunicación inmediata por medio de WhatsApp, el cual se ha convertido en un instrumento, no solo de relacionamiento familiar, sino también en una forma de comunicación laboral (Ochoa, et. al. 2023), donde podemos encontrar inmediatez en la respuesta por parte de la otra persona, así como podemos hacer mayor énfasis en lo que requerimos con urgencia. Pero a su vez, se comienza a difuminar la línea entre los espacios para las actividades laborales y los espacios para el ámbito familiar y personal (Kim & Chon, 2022).

Estos cambios se han dado tan naturalmente en nuestro diario vivir, que poco solemos cuestionarlos o cuestionarnos, aunque en muchas ocasiones si solemos atribuirles nuevas funcionalidades que permean todo lo que hacemos; lo cual no escapa al campo educativo, donde autores como Adell y Castañeda (2012), ya hace un tiempo, hicieron referencia a la presencia de pedagogías emergentes que aún carecen de sistematización, pero que han surgido ante la presencia de la tecnología y la visión de potencial para beneficiar los procesos de enseñanza y aprendizaje que se gestan en la escuela.

Este llamado a considerar pedagogías emergentes también ha sido referido por otros autores como innovaciones en la pedagogía moderna o simplemente estrategias pedagógicas innovadoras (Montaño, et. al., 2023). Lo anterior deja entrever que la Educación para la Ciudadanía Global puede estar entre estas pedagogías emergentes, y a su vez estar mediada de forma directa por diferentes avances tecnológicos que surgen a diario en la sociedad.

Por lo que el fomento de la Ciudadanía Global no solamente se debe considerar desde algunas prácticas o experiencias como pasantías en el exterior o contacto con otras culturas, sino que a su vez deja entrever lazos que se han construido a través de estos medios tecnológicos y que contribuyen para elaborar una concepción de la ciudadanía global distinta. Donde se podría llegar considerar una Ciudadanía Global que implica nuestra relación como ser humanos con el entorno presencial y digital, donde cada acción que realizamos afecta a la sociedad en general (UNESCO, 2015).

Lo ya mencionado, también se nutre de experiencias previas documentadas sobre intervenciones pedagógicas en pro de la ciudadanía global (Renteria-Vera, et. al., 2024), donde se destacan avances en la formación de los estudiantes en aspectos como:

· Adoptar diferentes perspectivas.

· Tener mentalidad global.

· Ser flexible y adaptable.

· Tener conocimientos sobre asuntos globales.

· Evaluar la información.

· Resolución de problemas.

Pero este tipo de experiencias no dejan en claro la presencia ni la función en si misma de las tecnologías, pero si hacen manifiesto de habilidades que también son estudiadas y puestas en común a la academia desde la contribución de las tecnologías emergentes hacia el pensamiento crítico (Lengua, et. al. 2020) haciendo uso de herramientas como simuladores, aplicaciones multimedia como formularios, foros, correos, juegos en línea, entre otros; dentro de lo cual se pone en evidencia que la constante evolución tecnológica ha permeado con bastante fuerza el campo educativo.

Aunque autores como Lengua, et. al. (2020) además ponen en manifiesto que aún tecnologías como la inteligencia artificial se encuentran en un estado inicial, pero a pesar de ello ya hay aplicaciones centradas en el uso de asistentes o tutores inteligentes para la formación.

Al visualizar ambos planteamientos sobre lo obtenido en investigaciones para el fomento de la Educación para la Ciudadanía Global y el uso de las tecnologías emergentes, queda claro que desde ambos campos se logra contribuir a habilidades indispensables para la formación del ciudadano actual y a su vez resalta un campo prometedor de investigación.

Pero estas conjeturas solo quedan a manera de reflexión dentro de este apartado, ya que, aunque hemos avanzado en algunas cuestiones prácticas en el marco de la docencia todavía hace falta ver qué resultados se esperarían alcanzar ya desde la investigación. Para ello hemos formulado una investigación centrada alrededor de la convergencia entre la inteligencia artificial y el fomento de la Educación para la Ciudadanía Global dentro de escenarios educativos.

Partiendo de allí, es clave tener presente que la inteligencia artificial comienza desde los años 50 aproximadamente, haciendo referencia a la capacidad de un sistema computacional entrenado a través de datos para brindar respuestas similares al del cerebro humano (Brazdil & Jorge, 2001, citado por Incio Flores, et. al. 2021), por lo que se ha propuesto como una línea de investigación clave en educación.

En este sentido hemos comenzado a analizar las estrategias que formulan los profesores para el fomento de la ciudadanía global y la visión que tienen alrededor de la estructuración de este tipo de educación, versus lo que puede proponer la inteligencia artificial.

Para ello hemos hecho un primer recorrido con 20 profesores universitarios colombianos con los cuales realizamos entrevistas en un primer lugar y luego realizamos una adaptación de las preguntas y las aplicamos a prompts de cuatro inteligencias artificiales: ChatGPT, Copilot, PlaneaBot y Comenio. Este primer paso en la investigación nos ha permitido identificar:

· El concepto de Educación para la Ciudadanía Global se considera nuevo por parte del profesorado, a pesar de estar próximos a cerrar la Agenda 2023 propuesta desde el 2015.

· La mayoría de los profesores consideran que la Ciudadanía Global es un compromiso individual, aunque unos pocos si lo visualizan como un compromiso comunitario que cierra brechas sociales, económicas, culturales, religiosas y políticas.

· No hay acuerdo sobre las condiciones curriculares para abordar la Ciudadanía Global en la educación superior, algunos hacen referencia a la necesidad de crear una asignatura como único espacio en el que se fomente, mientras que otros resaltan la importancia de que sea un enfoque multidisciplinario y de corte transversal en los currículos de las carreras profesionales.

· El profesorado además destaca la importancia de promover valores y actitudes que faciliten una cultura de paz y mejoren la calidad de vida, mediante el desarrollo de habilidades y competencias necesarias para desenvolverse en el diario vivir.

· Tanto los profesores como la Inteligencia Artificial visualizan un aspecto clave en el marco de la consolidación de la apropiación social del conocimiento y la participación ciudadana en la resolución de problemas globales.

· Sólo la mitad de los profesores indicaron que directamente promueven la Ciudadanía Global en el aula, de los cuales destacaron que para lograr estas propuestas han aplicado estrategias metodológicas como:

  * Aprendizaje basado en Proyectos.

  * Aprendizaje basado en Problemas.

  * Aprendizaje activo y participativo.

  * Aprendizaje Experiencial.

  * Aprendizaje Colaborativo.

  * Estudio de Caso.

  * Juego de roles.

· Sólo dos estrategias metodológicas fueron resaltadas por las Inteligencias Artificiales, el Aprendizaje basado en Proyectos y Aprendizaje basado Problemas para fomentar la Ciudadanía Global, pero no brindaron detalles específicos de su aplicación.

· Las Inteligencias Artificiales también hicieron referencia a la importancia de habilidades para mejorar la calidad de vida, pero adicional plantearon que es clave el desarrollo de competencias para la comunicación y cooperación intercultural, sin especificar aspectos característicos para su aplicación.

· Por otra parte, gobiernos, organizaciones, fundaciones, universidades, se han planteado la necesidad de fomentar y consolidar la Ciudadanía Global desde tres atributos claves a desarrollar en el educando: 1.) Informado y capacitado con espíritu crítico; 2.) Socialmente conectado y respetuoso de la diversidad; 3) Éticamente responsable y comprometido (UNESCO, 2015), lo que aún no queda claro en la investigación debido a que los profesores no hicieron alusión especifica ni a conocer o poner en práctica estos tres atributos.

Aunque hemos encontrado que en algunos aspectos coinciden las Inteligencias Artificiales con las propuestas planteadas desde los profesores universitarios, se hace evidente que la experiencia del profesorado alrededor de este campo ha sido mucho más amplia, lo que ha nutrido las dinámicas para el fomento de la Ciudadanía Global, a pesar de que esta afirmación no puede generalizarse, debido a que no está presente en todos los profesores entrevistados.

Y si bien hay algunas estrategias que se plantean de manera similar desde la Inteligencia Artificial, en definitiva, al entrevistar al profesorado se puede evidenciar mayor detalle y especificidad en cómo llevar del plano teórico al práctico la Educación para la Ciudadanía global, donde el profesor si expone al detalle la aplicación de elementos didácticos como rutinas de pensamiento, uso de recursos naturales, análisis de datos, entre otros. Aportando de esta forma a un proceso formativo, reflexivo, de análisis y discusión constante, con mayor envergadura y profundidad que lo planteado desde las herramientas de Inteligencia Artificial.

De la misma forma, llama la atención que en menor medida (1 profesor) hacen alusión a la integración de tecnologías para el fomento de estos espacios formativos, tal vez esto puede estar dado por lo mencionado al principio en relación con naturalizar la presencia de dichas herramientas dentro del ambiente educativo.

De allí que se reafirma la importancia de la formación continua del profesorado sobre el campo de Educación para la Ciudadanía Global (Renteria-Vera, et. al. 2024), reflejando así un camino de trabajo aún por construir dentro del ambiente universitario, y un compromiso de Estado que aún se encuentra pendiente con el cuerpo profesoral que acompaña la formación constante de los niños, niñas y adolescentes.

Con este panorama inicial, las tecnologías emergentes no pueden ser sólo vistas como un medio que transmite información, sino que por el contrario podrían tomar un matiz como puente dialogante, entre las dinámicas formativas de la Ciudadanía Global, la construcción del ser ciudadano para el mundo y la aplicación de nuevas estrategias educativas que brinden una mirada a las problemáticas del mundo.

De esta forma, surgen aspectos sin responder, mientras que otros requieren de mayor profundidad como, por ejemplo:

· ¿Cuál sería la forma adecuada para integrar la inteligencia artificial para el fomento de la Ciudadanía Global? ¿Las Inteligencias artificiales solamente permiten informar?

· ¿Cómo formar a los ciudadanos en pensamiento crítico al hacer uso de la inteligencia artificial y aplicarla en pro de la Ciudadanía Global? ¿puede esto tener un impacto a largo plazo o ya se está dando este impacto?

· ¿Cuál sería el rol que asumiría el profesor y los estudiantes al hacer uso de este tipo de inteligencias para el fomento de la Educación para la Ciudadanía Global? ¿Es sólo responsabilidad del profesor alertar sobre la presencia e injerencia de este tipo de inteligencias en nuestro diario vivir?

· ¿Qué podría o no beneficiar la inteligencia artificial en la Ciudadanía Global?

Inicialmente con esta investigación solo hemos buscado dar un primer paso para abordar lo que sucede entre este puente dialógico entre la Ciudadanía Global y la Inteligencia Artificial, aunque cabe anotar que aún quedan varias preguntas por contestar, otras por surgir y unas más por consolidar, lo que lo convierte en un ejercicio desafiante e interesante para la investigación educativa futura.

Así, este tipo de cuestionamientos llevan a impulsar una visión interdisciplinar e investigativa naciente, lo cual hace un llamado a que desde la educación se empiecen a considerar estos planteamientos de carácter internacional, que podrían llegar a contribuir al ejercicio formativo de los estudiantes y a su vez a la transformación dinámica de la pedagogía moderna lo que declara desafíos iniciales para la educación de hoy.

Lo anterior, no quiere decir que la inteligencia artificial no pueda brindar problemáticas internacionales, análisis iniciales, datos generales que nos permitan hacer o incentivar procesos reflexivos para la toma de conciencia sobre la importancia de ser ciudadano global, este ejemplo podría ser una primera escala del rol de la Inteligencia Artificial en pro de la Ciudadanía Global. Pero es importante, como lo he indicado previamente tener presente que la Inteligencia Artificial puede llegar a generar algunos sesgos y por ende desinformación (Hernández-Echevarría, 2024), lo que pone como precedente la importancia del rol reflexivo, crítico e informado que puede nutrir el profesorado en la formación de los estudiantes al estar medida por este tipo de herramientas digitales.

Partiendo de allí, es donde propongo que se aproveche la oportunidad para que el profesorado tome estas inconsistencias y las convierta en la oportunidad en la que los estudiantes tengan una nueva visión de mundo, captando así la atención de no solamente consultar, sino contrastar y analizar, dejando de precedente que, si bien la tecnología nos puede ayudar, esta también puede ser inexacta.

Estos pequeños planteamientos solo buscan invitar a la comunidad académica y científica a comenzar a considerar la dinámica y la presencia de la tecnología en distintas áreas estructurales de la educación dando cabida a apoyar los focos internacionales brindados por distintos países a nivel mundial, considerando esta visión como un punto de partida inicial con posibilidad de crecimiento y escalabilidad a futuro para alcanzar una práctica real de la Ciudadanía Global desde escenarios presenciales y digitales. De allí, que este campo sin explorar permita llegar a consolidar grandes propuestas para el bienestar de la sociedad en general.

En conclusión, he de considerar que nuestras aulas de clase en los distintos niveles educativos son un primer puente para que nuestros estudiantes sean ciudadanos para el mundo, ya es un aporte directo que al final se verá reflejado en los profesionales que contribuirán a la construcción de las sociedades a futuro.

REFERENCIAS

Elías, C. (2018). Activismo y comunicación en la era digital: ¿Perjudican las redes sociales la movilización ciudadana?, Icono 14, 16 (1), pp. 42-63. doi: https://doi.org/10.7195/ri14.v16i1.1126

Montaño Escobar, E., Cuero Caicedo, F. B., & Barrera Medina, D. R. (2023). Innovaciones en la Pedagogía Moderna: Estrategias y Tecnologías Emergentes. Código Científico Revista De Investigación, 4(2), 1041–1068. https://doi.org/10.55813/gaea/ccri/v4/n2/264

Ochoa, C., Lema, K., Centeno, P. y Hernández, E. (2023). Aplicación de las tecnologías de la información y la comunicación en el teletrabajo. Estudios del Desarrollo Social: Cuba y América Latina, 11(Especial 2), 184-192.

Bessarab, A., Hyrina, T., Sytnyk, O., Kodatska, N., Yatchuk, O., & Ponomarenko, L. (2022). The modern transformation of internet communications. Journal of Theoretical and Applied Information Technology, 100(15), 4710-4722.

Kim, K., & Chon, M. (2022). When work and life boundaries are blurred: the effect of after-hours work communication through communication technology on employee outcomes. Journal of Communication Management, 26(4), 386-400.

Adell, J. y Castañeda, L. (2012). Tecnologías emergentes, ¿pedagogías emergentes? En J. Hernández, M. Pennesi, D. Sobrino y A. Vázquez (coord.). Tendencias emergentes en educación con TIC. Barcelona: Asociación Espiral, Educación y Tecnología. p. 13-32.

Renteria-Vera, J. A., Vélez-Castañeda, C. K., Rodríguez-Caro, Y. J., & Peresin, M. S. (2024). Diseño curricular para el desarrollo sostenible y la ciudadanía global: intervención pedagógica en educación superior. Entramado, 20(1), 1. https://doi.org/10.18041/1900-3803/entramado.1.10106

Lengua, C., Bernal, G., Flórez, W. & Velandia, M. (2020). Tecnologías emergentes en el proceso de enseñanza-aprendizaje: hacia el desarrollo del pensamiento crítico. Revista Electrónica Interuniversitaria de Formación del Profesorado, 23(3), 83-98, https://doi.org/10.6018/reifop.435611

Haleem, A., Javaid, M., Qadri, M. A., & Suman, R. (2022). Understanding the role of digital technologies in education: A review. Sustainable operations and computers, 3, 275-285. https://doi.org/10.1016/j.susoc.2022.05.004

Organización de las Naciones Unidas para la Educación, la Ciencia y la Cultura (UNESCO). (2015). Educación para la ciudadanía mundial: temas y objetivos de aprendizaje. Recuperado de http://www.iin.oea.org/pdf-iin/RH/docs-interes/2019/Resumen_Educacion_para_la_Ciudadania_UNESCO.pdf

Incio Flores, F., Capuñay Sanchez, D., Estela Urbina, R., Valles Coral, M., Vergara Medrano, S., & Elera Gonzales, D. (2021). Inteligencia artificial en educación: una revisión de la literatura en revistas científicas internacionales. Apuntes Universitarios, 12(1), 353–372. https://doi.org/10.17162/au.v12i1.974

Hernández-Echevarría, C. (2024). Inteligencia artificial, elecciones, medios y desinformación. Cuadernos de periodistas: revista de la Asociación de la Prensa de Madrid, (48), 61-68.

MÁS ALLÁ DE LAS FRONTERAS: RED DE LIDERAZGO ESCOLAR PARA LA CIUDADANÍA GLOBAL

Lucila Malnatti
Fundación Varkey
lucila.malnatti@varkeyfoundation.org

Juanita Sánchez
Fundación Varkey
lucila.malnatti@varkeyfoundation.org

Según datos de la UNESCO y otras organizaciones internacionales, hay aproximadamente 90 millones de maestros de primaria y secundaria en todo el mundo. Si asumimos un promedio de 20 a 30 maestros por escuela, esto sugiere que hay entre 3 y 4.5 millones de escuelas de educación primaria y secundaria. Cada escuela con culturas, estudiantes, enfoques y desafíos diferentes, algunas conocidas en su trabajo articulado y otras que trabajan solas, pero todas formadoras de seres humanos con el común objetivo de llevar vidas satisfactorias y construir una mejor sociedad (UNESCO, 2022).

En línea con nuestra visión, la Fundación Varkey se embarca en la misión de cultivar una nueva generación de directores educativos transformadores. Creemos que transformar la mente y el corazón de los directores, es transformar el liderazgo de las instituciones para que sean ellas quienes transformen el sistema. Por ello, en su cuarto año de existencia, la Red de Liderazgo Escolar (SLN) reúne a más de 600 directores de centros escolares y 165 expertos en educación de 57 países.

Nuestro trabajo se guía por la creencia de que los líderes escolares son fundamentales para influir en los resultados de profesores, alumnos y familias. Los directores deben ser vistos como líderes que inician el cambio. Ya no se les puede considerar funcionarios pasivos, absorbidos únicamente por cuestiones administrativas, sino colaboradores activos en la configuración de las políticas educativas.

La Red de Liderazgo Escolar reúne a líderes educativos, expertos en liderazgo, responsables políticos e investigadores académicos para explorar la naturaleza cambiante y dinámica del liderazgo necesario para transformar las escuelas. En este contexto, la ciudadanía global se presenta como una oportunidad de comprensión y acción. Al identificar y abordar los desafíos específicos de las escuelas participantes, así como los desafíos educativos globales, la red facilita la construcción conjunta de soluciones y el acompañamiento en la toma de decisiones a nivel local. Esto nos invita a "entender mejor cómo funciona el mundo, valorar las diferencias entre las personas y trabajar con otros para encontrar soluciones a retos demasiado grandes para una sola nación" (UNESCO, 2024).

CIUDADANÍA GLOBAL PARA LA TRANSFORMACIÓN EDUCATIVA

Para que cada niño tenga un gran maestro, la Fundación Varkey asumió la responsabilidad de formar directores escolares y potenciar las capacidades de sus equipos, que permitan impulsar transformaciones significativas dentro y fuera de la escuela. Estas experiencias pretenden poner en relieve la importancia del liderazgo escolar para influir positivamente en las prácticas docentes y los resultados del aprendizaje de los alumnos, reforzando así los sistemas educativos de todo el mundo, al tiempo que se refuerza la voz de los líderes escolares dentro de la comunidad académica y política.

¿POR QUÉ EL LIDERAZGO ESCOLAR ES FUNDAMENTAL PARA FORTALECER LA CIUDADANÍA GLOBAL?

En nuestra labor diaria, al guiar la formación de directores escolares, nos enfrentamos a desafíos que trascienden la simple comprensión y apoyo. Requieren el reconocimiento del papel crucial del director para influir en los resultados de profesores y estudiantes, demandando no solo voluntad y compromiso individual, sino también una sincronización de esfuerzos en toda la comunidad educativa basados en necesidades contextuales.

Desde la red pudimos evidenciar lo que venimos estudiando y leyendo en numerosos artículos académicos, lo que se entiende por liderazgo escolar y los tipos de liderazgo que se consideran «exitosos» varían entre países y culturas profesionales. Como señala Hallinger (2018), los contextos escolares influyen en las prácticas de liderazgo. Por lo tanto, la «especificidad del contexto» es clave para comprender el liderazgo escolar eficaz y aplicar los hallazgos en diferentes escuelas. Por lo tanto, es de suma importancia desarrollar un conocimiento contextualizado de lo que es el liderazgo escolar efectivo, a fin de construir prácticas de liderazgo que respondan a las demandas y necesidades del contexto escolar (Hallinger, 2018; Leithwood et. al, 2019; Moos, et. al, 2008). Nos urge contar con líderes que a través de su escuela cambien el mundo.

En ese sentido, la ciudadanía global es crucial en el contexto de la educación y el liderazgo escolar porque permite a los líderes escolares actuar como agentes de cambio no solo en sus comunidades locales, sino también en un marco global. En un mundo interconectado, los problemas y desafíos educativos no se limitan a fronteras nacionales; la globalización trae consigo una diversidad de culturas, experiencias y conocimientos que enriquecen el proceso educativo. Los directores escolares, al desarrollar una visión global, pueden implementar prácticas inclusivas y equitativas que promuevan la comprensión y el respeto por las diferencias culturales, fomentando así una comunidad educativa más cohesiva y armoniosa.

Además, la ciudadanía global fortalece el liderazgo escolar al proporcionar una perspectiva más amplia sobre las mejores prácticas y políticas educativas. Los líderes escolares que adoptan un enfoque global pueden aprender de los éxitos y fracasos de otros sistemas educativos, adaptando estas lecciones a sus contextos locales para mejorar los resultados de los estudiantes y maestros. Esto no solo eleva la calidad de la educación en sus propias escuelas, sino que también contribuye a una red global de aprendizaje y colaboración. Al cultivar directores escolares con una mentalidad global, la Fundación Varkey busca no solo transformar escuelas individuales, si no también influir positivamente en el sistema educativo global, promoviendo la equidad, la innovación y el desarrollo sostenible en la educación.

RED DE LIDERAZGO ESCOLAR

Como red, el mayor desafío que encontramos a la hora de debatir el liderazgo escolar efectivo fue la diversidad cultural existente, teniendo en cuenta que los contextos culturales impactan en las actitudes, normas y valores de comportamiento en los directores y, por lo tanto, en sus decisiones. Es por esto que, durante el primer año, tomamos la decisión de enfocar parte de nuestro trabajo en identificar aquellas normas culturales que impactaban principalmente en la labor de los directivos y sobre estas se seleccionaron los principales factores influyentes en el Liderazgo Escolar.

De ese trabajo, podemos afirmar que los directores de las escuelas plantean la necesidad de fortalecer las estructuras de rendición de cuentas, evaluación e incluso planeación con la relación profunda de su contexto, para así desarrollar una mayor capacidad en sus equipos escolares que estén al servicio de los desafíos globales.

En el segundo año de la red, se identificaron junto a los directores aquellos desafíos de gestión escolar, desarrollo profesional y relación con la comunidad, que sucedían en la escuela como oportunidad para reunir diversas perspectivas en grupos de trabajo que fomentaron la colaboración en la resolución de problemas y el intercambio de buenas prácticas junto con expertos educativos.

Reuniones/grupos:	Gestión escolar	Relación con la comunidad	Desarrollo profesional y resultados de aprendizaje
Primera reunión	Dispositivos de evaluación para la mejora del centro educativo	Rol de los padres en la escuela	Desarrollo profesional para equipos directivos
Segunda reunión	Trabajo con redes globales	Nuevos modos de gestión	Impacto en procesos de aprendizaje
Tercera reunión	Autonomía escolar	Factores externos a la escuela y su influencia en los resultados del aprendizaje y el clima escolar	Evaluación de desempeño

Fuente: Elaboración propia

Finalmente, en el tercer y cuarto año aportamos junto a UNESCO a los reportes de liderazgo educativo y escasez docente como desafíos que globalmente impactan en la ciudadanía y desde la acción y acompañamiento de roles influyen en la cultura escolar, la comunidad y los resultados de los estudiantes a través de su influencia en los docentes y la estabilidad de la escuela. Aquí se abordan necesidades que son temáticamente específicas y permiten un acompañamiento que reconozca a su vez buenas prácticas de las escuelas para beneficiar a otros directores.

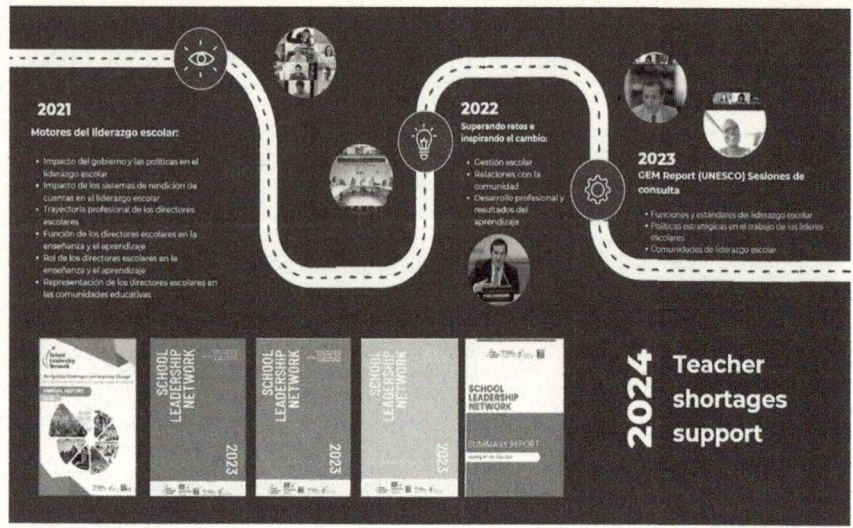

Fuente: Elaboración propia

CUATRO AÑOS DE APRENDIZAJE CON ESCUELAS DEL MUNDO

En términos de contenido, ser director hoy significa pensar en la dimensión del servicio y empoderamiento de los demás y allí, en la relación con su cuerpo docente, se juega su principal fortaleza. En este contexto, se han identificado conclusiones valiosas donde establecer directrices y expectativas claras permite a los directores fomentar una cultura del aprendizaje que promueve el desarrollo personal y la participación activa.

· Fortalecer las capacidades personales de liderazgo es esencial para mejorar el desempeño y fomentar un entorno de aprendizaje propicio. De este modo, podremos gestionar eficazmente los equipos y encontrar enfoques óptimos.

· Cultivar la confianza, la relevancia y la experiencia en la toma de decisiones crea situaciones democráticas que fomentan la participación activa de la comunidad educativa. Esto, a su vez, facilita el desarrollo de estructuras autónomas dentro de la escuela, fomentando el sentido de pertenencia y la colaboración.

· Cultivar una cultura de colaboración requiere priorizar intencionalmente la escuela. Al incluir la colaboración en la agenda, podemos establecer mecanismos para coordinarnos con parejas pedagógicas, organizaciones externas, involucrar a diversos interesados dentro de la comunidad escolar y evaluar los resultados de manera eficaz.

· Unir la academia con la práctica. Especialistas deben trabajar de la mano con directores escolares para compartir aprendizajes y enriquecer el liderazgo en los procesos de gestión escolar.

· Trabajar con el mapa de poder. Involucrando a ministerios, supervisores y directores. Comprender estas dinámicas de poder se revela esencial para influir en las políticas educativas y superar obstáculos estructurales, fortaleciendo así el liderazgo educativo de manera efectiva y orientada al largo plazo.

Aprendemos que el liderazgo se enriquece al dejar de ser una tarea solitaria, permitiendo resolver problemas compartidos al conocer y crecer con otros en diversas realidades. Allí, es esencial desarrollar la sensibilidad para fortalecer las capacidades de los equipos y abordar las necesidades locales, asegurando que los cambios sean sostenibles mediante acciones comunitarias colaborativas.

En este escenario, y considerando que la educación es el eje que por excelencia puede propiciar los espacios para la igualdad de oportunidades, Fundación Varkey Argentina apunta a la transformación de las escuelas a través de la formación de líderes educativos con la intención de que se conviertan en agentes y pares del cambio.

CUESTIONES PARA REFLEXIONAR: PRÓXIMOS PASOS DE LA RED

Después de estos años de trabajo reconocemos que es clave para acompañar mejor su trabajo escolar, es necesario comprender los desafíos de su contexto y las oportunidades de trabajo con la comunidad que permitan fortalecer equipos escolares, en especial los docentes y la vinculación con las familias para aportar a la comunidad.

Es necesario establecer más herramientas y espacios de comunicación y confianza entre aquellos que se encuentran en esta primera línea de desafíos educativos para construir juntos. No solo se trata de un sentido de pertenencia, sino también del impacto que juntos podemos tener en los desafíos globales.

En ese sentido, algunas preguntas que abordaremos este año, con base en los desafíos de escasez docente y que se preguntan los líderes escolares, hacen referencia a ¿Cómo pueden los líderes escolares apoyar mejor a los maestros a través del trabajo comunitario? ¿Qué incentivos son clave en la carrera docente y qué papel pueden desempeñar los líderes escolares en este sentido? ¿Cómo pueden los responsables de los centros escolares apoyar el desarrollo profesional continuo de los profesores de un modo que sea atento, pertinente y eficaz?

REFERENCIAS

Hallinger, P. (2018). Bringing context out of the shadows of leadership. *Educational Management Administration & Leadership, 46*(1), 5-24.

Leithwood K., Harris, A., Hopkins, D., (2019) Seven strong claims about successful school leadership revisited, School Leadership and management.

Moos, L., Krejsler, J., & Kofod, K. K. (2008). Successful principals: Telling or selling? On the importance of context for school leadership. *International Journal of Leadership in Education, 11*(4), 341-352.

UNESCO. (2022). Teachers and educational quality: Monitoring global needs for 2015. Montreal: UNESCO Institute for Statistics. Recuperado de https://

uis.unesco.org/sites/default/files/documents/teachers-and-educatio-nal-quality-monitoring-global-needs-for-2015-en_0.pdf.

UNESCO. (2024). Lo que hay que saber sobre la educación para la ciudadanía global.　https://www.unesco.org/es/global-citizenship-peace-education/need-know

EL RESPETO COMO PUNTO DE PARTIDA DE UNA EDUCACIÓN PARA LA CIUDADANÍA GLOBAL

Laura Fontán de Bedout
Universitat de Barcelona
laurafontan@ub.edu

La propuesta de una educación para la ciudadanía global se presenta como una respuesta adecuada y urgente frente a las necesidades de nuestras sociedades contemporáneas. Vivimos en un mundo profundamente desigual, donde los cambios son constantes y la comunicación global es más estrecha que nunca. En este contexto, la educación para la ciudadanía global busca ofrecer un horizonte de armonía y diálogo en el que las personas se reconozcan y valoren mutuamente más allá de sus diferencias, ya sean estas religiosas, culturales o ideológicas.

Esta propuesta, aunque valiosa, nos enfrenta con una serie de preguntas pedagógicas fundamentales. Por un lado, nos obliga a cuestionar la naturaleza y las posibilidades de una educación para la ciudadanía global. Esto desvela cuestiones profundas vinculadas con la filosofía de la educación y las finalidades educativas tales como: ¿qué significa realmente ser un ciudadano global en un mundo tan diverso? ¿Cómo puede establecerse una ciudadanía global que respete y valore las diferencias? ¿Cómo se caracteriza esta educación ciudadana global? Y, en última instancia, ¿es realmente posible alcanzarla?

Por otro lado, esta propuesta destapa cuestiones sobre la práctica educativa misma, referidas a su carácter metodológico y su dimensión didáctica. Verbigracia: ¿cómo debe implementarse esta educación en la práctica cotidiana? ¿Cuáles son los métodos más efectivos para enseñar y promover la ciudadanía global? ¿Por dónde deberíamos empezar para integrar estos principios en los sistemas educativos actuales? Asimismo, es crucial identificar qué prácticas educativas ya existentes fomentan, de alguna manera, un carácter ciudadano global y cuáles podrían ser adaptadas o mejoradas para cumplir con este objetivo.

Aunque todas estas preguntas son de gran interés y resultan valiosas en el marco de las investigaciones y las prácticas educativas, no pretendemos abordarlas todas en este texto. En su lugar, nuestro objetivo es reflexionar sobre un punto de partida que nos parece esencial, a saber: un valor moral o una actitud ética que, a nuestro juicio, ofrece un fundamento necesario para que la propuesta de la ciudadanía global pueda responder de manera efectiva a las preguntas anteriormente formuladas. Este punto de partida, creemos, tiene el potencial de unificar las diferentes dimensiones de la educación para la ciudadanía global, proporcionando una base sólida para su desarrollo tanto teórico como práctico.

EL RECONOCIMIENTO DE LOS DEMÁS COMO PUNTO DE PARTIDA PARA ESTABLECER RELACIONES RESPETUOSAS

El punto de partida al que nos referimos es el respeto. Respeto entendido como el reconocimiento de la autonomía y la dignidad de las otras personas. Hablamos del reconocimiento de su autonomía porque el respeto implica aceptar y reconocer a los demás como seres dotados de voluntad, deseos, inclinaciones y razones; como personas que conducen su vida bajo criterios válidos, aunque tal vez no sean los compartidos por nosotros. Y hablamos del reconocimiento de su dignidad porque respetar supone reconocer a los demás con independencia de tales diferencias —en criterios, deseos, creencias o habilidades—, apreciando su valor intrínseco como personas, su dignidad.

Así pues, el reconocimiento en el que se basa el respeto no es únicamente una acción, sino que supone "una relación en la que una parte acepte que no puede comprender algo de la otra. La aceptación de que hay cosas del otro que uno no puede comprender da al mismo tiempo permanencia e igualdad en la relación" (Sennett, 2003, p. 183). Observar la autonomía y la dignidad de las personas que tenemos delante implica reconocer su valor como individuos e igualarnos en la relación, pues ambas partes se identifican como capaces, independientes y valiosas. Sin embargo, y aunque suene paradójico, tal reconocimiento, al mismo tiempo que iguala, destaca también las diferencias. Pues, aunque iguales en la relación, al situar a una persona frente a la otra se pueden observar diferencias de carácter, de habilidad, de creencias o de cultura, diferencias del todo imprescindibles para establecer una relación, dado que toda relación requiere de desigualdad para ser efectiva; se establece únicamente entre —al menos dos— seres que son diferentes, es la muestra de la otredad.

Por otra parte, el establecimiento de una relación exige que el reconocimiento sea recíproco. Ello significa que ambas personas deben situarse en una posición en la que consideren realmente al otro, aceptando sus características y sus diferencias. Es por eso que el reconocimiento del otro debe ser expresado abiertamente para que sea respetuoso; la otra persona debe sentirse reconocida para que efectivamente se establezca una relación. Sin embargo, la expresión de este reconocimiento no es sencilla; en cada cultura y en cada época las maneras de mostrar este reconocimiento son totalmente diferentes. Así, reconocer puede suponer realizar una acción concreta, como dar la mano, pero también puede ser desviar la mirada.

Cualesquiera que sean las formas de mostrar reconocimiento, éstas tienen un valor en la sociedad y se dirigen a la existencia y a la singularidad de las personas. Las acciones de reconocimiento, por múltiples que sean, deben expresarse y ser recíprocas, ajustándose a las condiciones, a las situaciones y a las personas que forman la relación. El carácter relacional que ofrece el reconocimiento del otro destaca su necesidad para la convivencia de cualquier comunidad, sin importar cuál sea (Honeth, 1995). De manera que reconocer a los demás se convierte en el punto de partida para establecer relaciones interpersonales respetuosas y exitosas.

EL TRATO PRUDENTE Y LA MIRADA ATENTA PARA UNA CIUDADANÍA GLOBAL

La necesidad de tener en consideración a las otras personas, así como al contexto, la situación y la cultura en la que estas se hallan hace que los comportamientos de respeto sean complejos y desafiantes. Esta complejidad se debe a la multitud de factores que deben ser tenidos en cuenta para actuar de manera respetuosa. Por ello, es fundamental actuar con prudencia en lugar de adoptar una forma universal de acción. Reconocer a quien tenemos delante y asegurarnos de que esta persona se sienta reconocida requiere de cierta pausa y adecuación a sus criterios y creencias. Este proceso no puede ejecutarse de una única manera, ya que cada individuo es diferente y cada situación es única.

En este sentido, la "mirada atenta", expresión que autores como Josep Maria Esquirol (2006) utilizan como sinónimo de respeto, sirve como un ejemplo de acción adecuada ante el otro. Esta mirada atenta implica observar y considerar a la persona de manera cuidadosa y reflexiva, adaptándose a sus requisitos y situándose a la distancia adecuada desde la cual no se incomoda, pero sí se interpela. Es, pues, una forma de atención que equilibra el interés y la deferencia, permitiendo que la otra persona se sienta valorada sin sentirse invadida.

El trato prudente y la mirada atenta que acompañan el reconocimiento de las demás personas conducen a acciones que no sobreactúan ni se exceden en las relaciones, pero que tampoco muestran desinterés. Este equilibrio es crucial para que las relaciones resultantes sean fructíferas y exitosas, ya sean de cooperación, apoyo o interés. Estas relaciones se construyen desde posiciones que cuidan y proporcionan seguridad a las personas involucradas. El trato prudente es una habilidad que consiste en calibrar las distancias sociales de manera que el sujeto no se sienta como "un insecto bajo el microscopio" (Sennett, 2003, p. 50). Esto implica encontrar el equilibrio entre la proximidad y la distancia adecuada en las interacciones, evitando la sobreexposición o la indiferencia.

Estas actitudes —el trato prudente y la mirada atenta— son fundamentales para una ciudadanía global puesto que permiten el reconocimiento genuino del otro, adaptándose a sus necesidades y respetando sus límites. Al actuar con prudencia y atención, se construyen relaciones basadas en el respeto mutuo y la comprensión, valores esenciales para una convivencia armoniosa y cooperativa en un mundo cada vez más interconectado y diverso.

LA EDUCACIÓN PARA CIUDADANA GLOBAL: APRENDER A ESTABLECER RELACIONES RESPETUOSAS

Conseguir una ciudadanía global como resultado de unas formas particulares de educar y unas aspiraciones compartidas no significa que estas aspiraciones sean iguales en todos los casos, especialmente si partimos del mutuo reconocimiento de las personas. En otras palabras, la educación para la ciudadanía global debe compartir unas finalidades educativas comunes, pero no debe buscar una homogenización total. La igualación y la eliminación de las diferencias culturales, políticas, religiosas e, incluso, personales serían contraproducentes en el contexto de una ciudadanía global.

La verdadera ciudadanía global reconoce y celebra la diversidad como un elemento esencial para su existencia. En lugar de buscar una uniformidad que borre las identidades y particularidades de diferentes grupos, la ciudadanía global se construye sobre la aceptación y el respeto por las mismas. La homogenización implicaría una pérdida de las distintas perspectivas, valores y prácticas que enriquecen la experiencia humana y permiten un entendimiento más profundo y multifacético del mundo.

La ciudadanía global, por lo tanto, no es un concepto monolítico que busca imponer una única forma de ser o pensar, sino que es un marco inclusivo que aboga por la coexistencia y colaboración entre diferentes culturas y comunidades, a través del mutuo reconocimiento de las personas que las componen y la creación de relaciones valiosas. Este enfoque es fundamental porque las desigualdades, diferencias y particularidades no solo existen, sino que son esenciales para el desarrollo de una comunidad global. La diversidad, a nivel micro, permite el establecimiento de relaciones, y a nivel macro, impulsa la innovación, fomenta el diálogo intercultural y fortalece la resiliencia social.

En este sentido, la educación para una ciudadanía global debe buscar la potenciación de esas diferencias y riquezas. Por ello, su propuesta en términos de contenidos y metodologías tampoco puede ser única y homogénea; no puede pretender educar en lo mismo y de la misma manera a todas las personas, comunidades y culturas. Se trata, más bien, de educar en unas actitudes particulares que permitan la cohesión, el diálogo, el intercambio y la mutualidad; condiciones que establecen un punto de partida, una actitud ante los demás y una disposición hacia la creación de vínculos y relaciones, sin las cuales difícilmente se pueden alcanzar los ideales expresados como "ciudadanía global".

En este sentido, la educación para la ciudadanía global no debe desconocer las prácticas que promueven la personalización de la educación, como tampoco las que buscan la creación de comunidades fuertes. No debe igualar, pero tampoco aislar. Ni rechazar la búsqueda de la autonomía y la independencia a favor de otras corrientes que fomentan el cuidado, la interrelación y el don. Lo que ha de buscar, entonces, es educar en las diferentes maneras de reconocer a los otros, ajustarse a las condiciones sociales, contextuales, políticas y culturales necesarias para establecer relaciones valiosas, creando vínculos de igualdad por encima de las diferencias.

En este contexto, el reconocimiento de los demás es un valor primordial en nuestra sociedad, donde la mayoría de las personas son extrañas entre sí (Sennett, 2003). Las actitudes de reconocimiento detalladas anteriormente —el trato prudente y la mirada atenta— nos sirven como estrategias de comunicación y de relación que superan las barreras de no conocer personalmente a los demás y el hecho de que nos es imposible comprender sus vidas de manera inmediata. Unas actitudes iniciales que dan lugar a relaciones que acogen la fragilidad de las personas, siendo sensibles a sus diferencias y a su dignidad, y que además promueven vínculos de cuidado y ayuda.

En última instancia, lo que a nuestro juicio se debe buscar con la educación para la ciudadanía global es el reconocimiento de los demás y, con ello, formar el carácter para que las personas se orienten hacia el exterior, creen lazos con la comunidad y ayuden a quienes lo necesiten, sin pasar por encima de la autonomía o la dignidad de las personas.

A MODO DE CIERRE

En conclusión, más que una metodología o una práctica concreta, la prudencia a la que nos aboca el reconocimiento de los demás sitúa en la educación para la ciudadanía global una actitud indispensable. Esta prudencia, como ya mencionamos, juega un papel crucial en la lucha contra la homogenización y la igualación, permitiendo la valoración auténtica de las personas y sirviendo como punto de partida para el establecimiento de relaciones interpersonales significativas. La propuesta de la educación para una ciudadanía global apunta, en última instancia, a la formación de valores que se fundamentan en este reconocimiento mutuo.

El concepto de ayuda, en este contexto, se entiende como un ejercicio basado en el intercambio recíproco y no en una actividad unidireccional. La mutualidad y la reciprocidad son esenciales para que las acciones puedan ser consideradas respetuosas. El respeto genuino se manifiesta cuando se reconoce la autonomía y la dignidad del otro sin necesidad de conocerlo completamente, aceptando que cada persona es, en cierta medida, un extraño.

De este modo, la educación para la ciudadanía global no solo busca fomentar el cuidado y la interrelación, sino también la autonomía y la independencia. Se trata de educar en la diversidad, ajustándose a las condiciones sociales, contextuales, políticas y culturales necesarias para establecer relaciones valiosas. Así, se crean vínculos de igualdad que trascienden las diferencias, promoviendo una comunidad global donde la convivencia armónica y el respeto mutuo son los pilares fundamentales. Esta actitud prudente y respetuosa es, por lo tanto, el eje central para el desarrollo de una ciudadanía global auténtica y dinámica, capaz de enfrentar los múltiples desafíos de un mundo interconectado y diverso.

REFERENCIAS

Esquirol, J.M. (2006). *El respeto o la mirada atenta: Una ética para la era de la ciencia y la tecnología.* Editorial Gedisa.

Honneth, A. (1995). *The struggle for recognition: The moral grammar of social conflicts.* MIT press.

Sennett, R. (2003). *El respeto: Sobre la dignidad del hombre en un mundo de desigualdad.* Editorial Anagrama.

LA EJEMPLARIDAD: BASE ÉTICO-MORAL PARA UNA CIUDADANÍA GLOBAL

Eric Ortega González
Universidad de Barcelona
ericortega@ub.edu

EL MUNDO GLOBALIZADO Y SU FALACIA COMPOSITIVA

Es bastante habitual toparse en nuestros días con ese discurso —tildémoslo de bienintencionado— que afirma que nos encontramos en un mundo manifiestamente globalizado que se caracteriza, entre otras cosas, por la interdependencia económica entre países alejados, la conexión instantánea entre personas, el constante flujo de información y seres humanos, la hibridación (o colonización) cultural de los territorios, el papel cada vez más destacado de las organizaciones internacionales, el impacto de determinados desafíos globales (cambio climático, pandemias, terrorismo, etc.) en nuestras formas de existencia o el consumo global, cuya tendencia a la homogeneidad tiene, como una de las consecuencias más benévolas —pero también llamativas—, el igualar todos los escaparates de las avenidas más elegantes de nuestras ciudades.

A todas estas características el discurso mencionado añade, a modo de evidencia incuestionable, una suerte de fatalidad inevitable: "Este mundo no sólo está hoy más globalizado que nunca, sino que continuará estándolo, y de forma creciente, en los próximos años" nos espeta. Y con eso parece decirlo todo. Decimos parece porque en realidad no dice nada, o casi nada. O mejor: expresa menos con lo que dice que con lo que calla. ¿Y qué es lo que calla? Calla todos esos aspectos que también afectan a nuestro mundo y que, precisamente porque lo afectan, lo alejan inevitablemente de un mundo que pueda tildarse de "globalizado". Calla, entre otras cosas, las desigualdades que afectan a buena parte de las personas de este planeta, las barreras lingüísticas y culturales que dificultan la comunicación y la comprensión entre las comunidades, el resurgimiento de los nacionalismos, el cierre de fronteras, el crecimiento de políticas antinmigración, el aumento de los conflictos y las tensiones internacionales o las diferencias legales y regulatorias entre países. Cuestiones, todas ellas, que nos recuerdan lo alejados que estamos de poder vivir en un mundo auténticamente globalizado más allá de la creciente expansión de algunas organizaciones, fundamentalmente económicas, y de algunas tecnologías de la información y la comunicación esparcidas a lo largo y ancho del planeta.

Digamos que la principal de las falacias en las que cae el discurso del que aquí hablamos es la llamada falacia de la composición, (Hamblin, 2016), consistente en reducir la complejidad del mundo al tomar algunos aspectos parciales del mismo como la totalidad de lo real. Este discurso toma la parte —la que le interesa— por el todo. E ignora intencionada o inintencionadamente todo lo demás, pretendiendo, al menos en el plano discursivo, un mundo aparentemente globalizado, sí, pero también un mundo que ha dejado de lado la ineludible heterogeneidad de lo que lo conforma y, en consecuencia, un mundo que ha perdido su esencial pluralidad. (Arendt, 1958). Un mundo, en definitiva, marcado por una sospechosa irrealidad.

LA SOCIEDAD GLOBAL Y SU ERROR CATEGORIAL

Otra cosa, al menos en apariencia, es lo que ocurre con la sociedad global. Es posible pensar que, efectivamente, una determinada sociedad, entendida como una agrupación natural o pactada de personas que conviven bajo normas comunes y que se encuentra o no organizada para cooperar en la consecución de determinados fines, puede estar más o menos globalizada en función de la heterogeneidad de las personas que conformen dicha agrupación, de la universalidad de las normas que regulen su convivencia, de la diversidad de sus formas de cooperación, o de la extensión planetaria de los fines buscados. Y en base a esos factores podría uno juzgar el grado de globalización o desglobalización de una sociedad como le parezca oportuno o incluso atreverse a hacer jerarquías de sociedades más o menos globalizadas, entre otras posibilidades imaginables.

Pese a ello, y con independencia de tal enjuiciamiento, sostengo que, estrictamente hablando, una sociedad tampoco puede ser considerada, de suyo, completamente global, habida cuenta de los criterios de inclusión y exclusión que acostumbran a regular toda sociedad y cuya operatividad parece consustancial a toda agrupación humana. En otras palabras, atribuir una propiedad (en este caso, la globalidad) a una cosa o entidad que no puede, por definición, tener esa propiedad (la sociedad), es incurrir en un error categorial. (Ryle, 2009). Más todavía cuando no hay sociedad que no sea excluyente *per se*, que no tenga, como uno de sus modos habituales de funcionamiento, un cierto sentido inmunológico que la haga ser (o intentar ser) impermeable a determinados ataques foráneos que podrían afectar, llegado el caso, su integridad. (Sloterdijk, 2009). Cierto es que hay sociedades más porosas que otras, que acogen mejor lo extraño de lo que otras lo hacen, ya sea porque tienen una identidad gaseosa, poco definida, o porque entre los rasgos que la caracterizan destacan aquellos de carácter, podríamos decir, más universalista o acogedores. Con todo, pareciera que la existencia de lo social reclama, necesariamente, la existencia de su contrario —lo asocial— y como consecuencia de ello toda sociedad tiene, como uno de sus características fundamentales, la conciencia más o menos explícita de qué es lo que forma o puede formar parte de ella y qué es lo que, en ningún caso, podría hacerlo.

¿EN QUÉ TÉRMINOS PUEDE ENTENDERSE, ENTONCES, LA CIUDADANÍA GLOBAL?

Así las cosas, uno podría preguntarse, negada la existencia de un mundo globalizado y rechazada también la posibilidad de una sociedad global, si habría lugar para algo así como una ciudadanía global.

Cierto es que un mundo cada vez más globalizado reúne algunas condiciones objetivas que favorecen el surgimiento de una identidad o una conciencia cosmopolita. Verdad es también que la heterogeneidad, vocación universal y porosidad de algunas sociedades fomenta, mejor que otras, una identidad o conciencia de ese tipo. Pero con independencia de estas concesiones, que pueden ser condiciones de apoyo mas no de suficiencia y necesidad, ¿qué puede significar una ciudadanía global en un mundo que dista mucho de estar verdaderamente globalizado y en unas sociedades que, por mucho que quieran, no pueden ser completamente globales?

Los primeros seres humanos que se definieron como cosmopolitas fueron los filósofos de la escuela cínica, quienes, en el siglo IV a.C, y como producto muy probablemente de su *adiaforía*, (García Gual, 2005), esto es, su rebelde indiferencia hacia las costumbres de los griegos, quienes basaban su identidad mayoritariamente en la ciudad-estado (polis) o en la cultura helénica, despreciaban estas identificaciones morales tradicionales y se reconocían como ciudadanos no ya del mundo sino del universo entero (*cosmo*s). Más tarde, los estoicos tomaron prestada esta idea de los cínicos y, reformulándola, la usaron para enfatizar que los seres humanos, además de habitar en la comunidad local en la que nacemos, conformada por la nuestra familia nuclear y extensa, el grupo local al que pertenecemos y nuestros compatriotas, habitamos asimismo una comunidad que acoge a toda la humanidad, lo que exige ampliar nuestro sentido de afinidad o familiaridad (*oikeiôsis*) hacia esta, dotando así de un cariz no sólo descriptivo sino también prescriptivo a la noción de cosmopolitismo. (Boeri y Salles, 2014).

No parece del todo acertado basar nuestra actual comprensión de lo que significa ser un ciudadano global en la oposición rebelde de los cínicos, por muy noble que nos parezca su pretensión. Más bien cabría situarse del lado universalista de los estoicos sin por ello caer en la abstracción que supone esa pretensión universalista de aplicar los mismos derechos y los deberes a todos los seres humanos, pretensión que, aun siendo elogiable, contiene los mismos defectos que le atribuíamos al discurso que afirmaba la globalización del mundo y que habíamos bautizado con el nombre de falacia de composición. Y sin caer tampoco en el error categorial al que incurren los que hablan de sociedad global sin advertir que el adjetivo 'global' implica mucho más de lo que cualquier sociedad realmente existente podría jamás aceptar.

TEORÍA DE LA EJEMPLARIDAD Y CIUDADANÍA GLOBAL

A tenor de lo dicho, ¿de qué manera podemos entender la ciudadanía global sin caer en el error o la falacia mencionada? ¿cómo cabría 'globalizar' la ciudadanía evitando proyectar sobre ella una universalidad de derechos y deberes fácticamente inexistente y evitando también su identificación con una entidad, como lo es la sociedad, siempre parcial y, por ende, inevitablemente excluyente? La respuesta, a mi parecer, la tenemos en la universalidad a la que apuntaban los estoicos, esa que advertía que además de habitar nuestro terruño somos habitantes de una comunidad que también reúne a toda la humanidad y a la que debemos hacernos afines, por lo que para acabar de dibujar una noción de ciudadanía global verdaderamente esclarecedor es necesario comprender antes qué significa esa afinidad o familiaridad que pregonaba la escuela helenística mencionada. Para ello, proponemos incorporar un enfoque especialmente fructífero para esta cuestión, basado en la teoría de la ejemplaridad desarrollada por el pensador español Javier Gomá. Una teoría que, más allá de considerar la ciudadanía global desde un punto de vista jurídico, económico o sociológico —lo que, como se ha visto, acarrea algunos problemas—, nos permite entenderla antropológica y éticamente como una red de influencias mutuas de la que nadie puede escapar y en la que, precisamente por eso, todo el mundo se erige como ejemplo para todo el mundo.

Dicha teoría afirma, con Tarde (2012), que allí donde hay una relación social existe siempre una relación imitativa basada en la influencia de un yo sobre otro yo en cualquier orden posible. Pero esta condición imitativa no aplica solo a lo social, también se hace extensivo a la propia evolución del ser humano. En efecto, siempre hay una realidad previa a la llegada de alguien al mundo. Antes de que un ser humano tome consciencia de sí mismo y de su realidad envolvente, ya se ha visto expuesto a influencias decisivas de todo tipo: padres, hermanos, educadores, iguales, etc. De esto se sigue que el individuo, antes de ser un sujeto, se encuentra inmerso en un mundo repleto de modelos, lo cual tiene una prioridad tanto temporal como metafísica. Vive, se mueve y existe inevitablemente dentro de un entorno de modelos que configuran su personalidad, la moldean y la completan. (Gomá, 2014).

De ahí que, para esta teoría, los seres humanos vivamos, desde nuestro nacimiento, en un horizonte de ejemplos a cuya influencia estamos expuestos y gracias a la cual, para bien o para mal, somos quienes somos. Lo que también implica que además de ser influenciados por los otros seamos, a su vez, influyentes para ellos, no pudiendo, en consecuencia, evitar ser modelo constante para los demás. Es por eso que somos, al decir de Gomá, ejemplos rodeados de ejemplos, seres envueltos en una red de influencias mutuas.

Las consecuencias que esto tiene al aplicarse a la ciudadanía global son verdaderamente iluminadoras. Gracias a ello podemos ver que la ciudadanía global apunta, por su condición de ciudadanía, a considerarnos a todos ejemplos dentro del ámbito de una comunidad. Mientras que, en virtud de su condición global, extiende esta influencia ejemplar virtualmente a todo el mundo. Expande, por consiguiente, nuestra influencia horizontal y verticalmente; nos advierte que tanto podemos influir a nuestros iguales como a los que están por encima o por debajo de nosotros en la jerarquía social, lo que nos hace, al menos desde el punto de vista de la influencia, afines con personas que se encuentran más allá de nuestro círculo inmediato de influencia, afinidad a la que aludían los estoicos en su forma de comprender el cosmopolitismo.

UNA EDUCACIÓN PARA LA CIUDADANÍA GLOBAL EJEMPLAR

Si lo expuesto hasta aquí es cierto, de ello se sigue que una verdadera educación para la ciudadanía global ha de contemplar su carácter eminentemente ejemplar. Debe, por lo tanto, ayudar a los individuos a ser conscientes de su rol tanto activo como pasivo, de su papel como ejemplos que influyen en los demás y como seres abiertos a la influencia ejemplar de los demás.

Las implicaciones que esto tiene, demasiado numerosas como para poder ser tratadas aquí con exhaustividad, apuntan, básicamente, a dos ámbitos diferenciados que se encuentran, sin embargo, en permanente retroalimentación. El primero de ellos está relacionado con el papel ejemplar del ciudadano global. Un papel que implica que la persona debe ser consciente de que vive inmersa en un contexto social en el que sus hábitos, costumbres, lenguaje, valores, ideas, creencias y sentimientos influyen, quiéralo o no, en los demás. Ello requiere, claro está, de una formación moral de los ciudadanos que esté a la altura de su papel como ejemplos morales y que les permita alumbrar comportamientos morales susceptibles de ser admirados no sólo por sus conciudadanos sino también por el mundo en su totalidad, habida cuenta de los distintos medios con los que contamos hoy para volver *viralizar* determinadas conductas que hace unos años apenas habrían salido de su ámbito de incidencia inmediato.

El segundo de ellos está relacionado con el papel receptor de otros ejemplos que ejerce el ciudadano global y que requiere, de él, una conciencia lo suficiente formada, es decir, autónoma y crítica, como para hacerse impenetrable a los malos ejemplos y abierto y sensible a los buenos, es decir, para poder regular convenientemente sus capacidades admirativas y no tomar por oro todo lo que reluce. Esto último es especialmente sensible en un contexto, como el nuestro, en el que las tecnologías de la información y la comunicación ponen a nuestra disposición influencias de todo tipo y condición, muchas de ellas más dañinas que edificadoras, a las que antaño cualquier persona media no se encontraba expuesta.

A pesar de ser ámbitos diferenciados, en su forma de funcionamiento habitual ambos están, como se ha anunciado, profundamente entrelazados. Así, parece claro que para que un ciudadano alumbre conductas admirables antes debe haber seleccionado muy bien los comportamientos que admira en otros y cuyos efectos generan en él las condiciones necesarias para comportarse de un modo semejante. Pero a su vez, la misma recepción de comportamientos ejemplares requiere de una buena producción de los mismos, dado que la acción ejemplar cambia el medio moral y este, a su vez, transforma las acciones de los demás, quienes, a la luz de lo ejemplar, se sentirán impelidos a comportarse en una dirección similar. Sea como fuere, parece evidente que con independencia del ámbito del que hablemos, tanto la conducta ejemplar como su conciencia precisan de una pertinente educación para la ciudadanía global así entendida.

A MODO DE CONCLUSIÓN

Conforme lo expuesto, nos es posible afirmar que las nociones de 'mundo globalizado y 'sociedad global' son más un mito que una realidad y, en consecuencia, se hallan en condiciones poco favorables para proporcionarnos un buen asidero desde el que fundamentar una comprensión cabal y verdaderamente educativa de la ciudadanía global. Sin embargo, como se ha visto, la idea de cosmopolitismo de los estoicos nos ofrece una visión más viable de la misma al plantear que, además de pertenecer a nuestras comunidades locales, formamos parte de una comunidad más amplia que abarca a toda la humanidad y que pide, de nosotros, el desarrollo de una conciencia de cierta familiaridad o afinidad para con ella.

De ahí que, conectando esta idea de los estoicos con la teoría de la ejemplaridad de Javier Gomá, propongamos entender la ciudadanía global como un conjunto de ejemplos e influencias mutuas en una comunidad extendida a nivel mundial en la que cada individuo es tanto un modelo a seguir como un receptor de influencias. Una perspectiva que fomenta una educación para la ciudadanía global capaz de formar tanto la conciencia de nuestro papel como modelos de conducta moral como la capacidad crítica para discernir y elegir adecuadamente los ejemplos a seguir. Y ello bajo el convencimiento de que una verdadera ciudadanía global solo se construye sobre la base de la influencia ética y la reciprocidad ejemplar entre individuos, lo que supone priorizar un mundo interconectado, más que en términos económicos, legales o tecnológicos, en términos de valores y comportamientos éticos.

REFERENCIAS BIBLIOGRÁFICAS

Arendt, H. (1958). The human condition. The University of Chicago Press

Boeri, M. y Salles, R. (eds.) (2014). Los filósofos estoicos: ontología, lógica, física y ética. Ediciones Universidad Alberto Hurtado

García Gual, C. (2005). La secta del perro: vidas de los filósofos cínicos. Alianza

Gomá, J. (2014). Imitación y experiencia. Taurus

Hamblin, C.L. (2016). Falacias. Palestra

Luhmann, N. (1996). La ciencia de la sociedad. Anthropos.

Ryle, G. (2009). The concept of mind. Routledge.

Sloterdijk, P. (2009). Has de cambiar tu vida. Pre-Textos.

Tarde, G. (2012). Las leyes de la imitación y la sociologia. CIS.

TRANSFORMACIÓN DE LA PRÁCTICA DE ENSEÑANZA DE LA CONTABILIDAD A PARTIR DE LA METODOLOGÍA LESSON STUDY PARA EL DESARROLLO DE LA HERMENÉUTICA EN ESTUDIANTES DE CONTADURÍA PÚBLICA DE LA UNIVERSIDAD PEDAGÓGICA Y TECNOLÓGICA DE COLOMBIA-SEDE CHIQUINQUIRÁ

Víctor Javier Medina Chisaba
Universidad de La Sabana
victormech@unisabana.edu.co

CONTEXTO DE LA INVESTIGACIÓN

La presente investigación tiene como objetivo principal describir la transformación de la práctica de enseñanza de un profesor investigador, a partir de la metodología Lesson Study para el desarrollo de la hermenéutica en estudiantes de Contaduría Pública de la UPTC Sede Seccional ubicada en la ciudad de Chiquinquirá-Boyacá. La investigación se caracteriza por tener un enfoque cualitativo, con diseño de investigación-acción educativa apoyada en la Lesson Study a través del desarrollo de cinco ciclos reflexivos que evidencian cambios en las acciones constitutivas de la práctica de enseñanza del profesor investigador. Las categorías de análisis se fundamentan en las tres acciones constitutivas de la práctica de enseñanza (Planeación, Implementación, Evaluación). Como resultados parciales, se definen las siguientes subcategorías: gestión del tiempo, recursos didácticos y evaluación participativa. En definitiva, la investigación está evidenciando la transformación de la PE y el crecimiento profesional del profesor investigador, junto con el desarrollo de habilidades hermenéuticas en los estudiantes universitarios del Programa de Contaduría Pública de la Universidad mencionada.

El contexto situacional de la P.E del profesor investigador se ubica en la ciudad de Chiquinquirá capital de la provincia de Occidente de Boyacá. Es una ciudad intermedia, donde existe un 60% de población estudiantil flotante proveniente del Occidente de Boyacá, Norte de Cundinamarca y Sur de Santander. Los estudiantes que asisten al aula del profesor investigador son provenientes de los territorios nombrados con anterioridad, con un rango de edad entre los 17 y 35 años. Las comunicaciones en clase se ven permeadas por un lenguaje muy diverso dependiendo de las regiones de origen del estudiante. El profesor investigador tiene a su cargo cuatro asignaturas del área disciplinar con un promedio de 30 estudiantes por asignatura. Las clases son totalmente presenciales, en horario nocturno desarrolladas entre las seis de la tarde y las diez de la noche.

PLANTEAMIENTO DE LA INVESTIGACIÓN

El profesional en Contaduría Pública tiene una formación integral donde la legislación jurídica y técnica juega un papel importante dentro del ejercicio de la profesional. El Contador Público es garante de la veracidad de los procesos financieros que adelantan las organizaciones públicas y privadas en la nación contribuyendo de esta manera a la construcción de una ciudadanía global.

Por esta razón, hablar de hermenéutica en un contexto contable toma gran importancia a la hora de analizar las prácticas de enseñanza del profesor investigador en un ambiente universitario donde se forman estudiantes en Contaduría Pública. En efecto, se puede traer a consideración las apreciaciones de Irausquin & Caridad (2012) donde se infiere que la hermenéutica contable es una rama de la contabilidad que se centra en la interpretación y comprensión de la información financiera y contable. Utiliza enfoques hermenéuticos, que se derivan de la hermenéutica filosófica, para analizar los estados financieros y otros informes contables.

A partir de estas apreciaciones teóricas sobre hermenéutica y su relación en el contexto contable se puede decir, que las acciones constitutivas del profesor investigador se encuentran inmersas en un contexto donde la enseñanza de la contabilidad ha tenido un proceso de transformación encaminado a la interpretación de grandes volúmenes de información económica y no económica para tomar decisiones de manera oportuna y efectiva. La contabilidad no solo es un tecnicismo que se refiere a la necesidad de hacer trazabilidad documental; sin importar lo que significan los datos. En esta misma situación, se puede establecer que, cuando se enseña contabilidad se puede caer fácilmente en la mecanización sistematizada de ejercicios contables que llevan a una concepción errada de la profesión porque no se busca una comprensión profunda de la disciplina sino de su técnica.

Por esta razón, es de gran importancia hablar de la hermenéutica como una herramienta de interpretación profunda donde el estudiante de Contaduría Pública utilice la técnica y la regulación normativa para a su vez construir un juicio profesional oportuno y acertado que le permita tomar decisiones importantes en un contexto organizacional y/o social determinado. Un profesional contable que no tiene la capacidad para interpretar con sentido crítico y ético las situaciones económicas de una organización, contribuirá al desorden y desequilibrio económico, contable y financiero de las organizaciones donde se encuentran vinculados.

Algunas de las acciones para la mejora continua de esta situación es la transformación de cada una de las acciones constitutivas de la P.E del profesor investigador que enseñanza el área disciplinar de la contabilidad. A partir de esta transformación, el profesor propenderá por el desarrollo de las habilidades del estudiante de Contaduría Pública a través de la hermenéutica, es allí, cuando el profesor contribuye de manera significativa en la perspectiva del futuro profesional contable.

En consecuencia, a la problemática presentada se establece como punto de partida para la reflexión investigativa en la práctica de enseñanza del profesor investigador el Paradigma Socio-crítico; entendido como un enfoque en el que se busca estudiar fenómenos sociales. A partir de esta premisa, se puede traer las apreciaciones de Freire (1970) donde se establece que la educación en su sentido más estricto se entiende como un fenómeno social que se transforma a partir de la construcción crítica. Por último, se enmarca el diseño de la investigación de este trabajo en la investigación-acción educativa; principalmente enfocada en la metodología Lesson Study. En palabras de Blanco, Verdeja, & Calvo, (2018) la Lesson Study involucra a un grupo de profesores que colaboran en la planificación, ejecución y análisis de una lección o clase específica.

DESARROLLO DE LA INVESTIGACIÓN

Los resultados de la investigación que se reflejan a continuación corresponden al análisis parcial de dos ciclos de reflexión desarrollados bajo la metodología Lesson Study. Los tres ciclos de reflexión faltantes se encuentran en proceso de recolección de evidencias y trabajo de campo.

Ciclo I. Primeros pasos en la planeación profesional como propuesta para el fortalecimiento de las habilidades hermenéuticas.

En este ciclo de reflexión se toma en consideración los hallazgos encontrados en la revisión de los antecedentes de las prácticas de enseñanza realizadas por el profesor antes de iniciar su proceso de investigación. A partir de este análisis, se comienza a hacer una planeación profesional donde se tiene en cuenta los conceptos estructurantes de la unidad de planeación, las competencias y los resultados previstos de aprendizaje. En este ciclo se tomó el grupo de estudiantes de VIII semestre del Programa de Contaduría Pública en la asignatura Contabilidad Pública con una durante de 12 horas (8 presenciales y 4 tutorías). A continuación, en la tabla 1 se puede observar la estructura de planeación propuesta.

Tabla 1

Estructura principal de la planeación Ciclo I

Competencia	*El estudiante tendrá la capacidad de desarrollar análisis y síntesis a partir de lecturas y discusiones normativas en el ámbito profesional*
Resultados previstos de aprendizaje	*De contenido - Los estudiantes desarrollarán comprensión acerca de lo que es el Sistema General de Contabilidad Pública Colombiano y cómo funciona toda su estructura*
	De método -Los estudiantes desarrollarán comprensión acerca de cómo a través del conocimiento del Sistema de Contabilidad Pública Colombiano, se pueden desarrollar habilidades para el análisis de información contable en el Sector Público
	De propósito - Los estudiantes desarrollarán comprensión acerca de la importancia de conocer el sistema de contabilidad pública colombiano para contribuir a la presentación y análisis de información contable clara y oportuna en entidades públicas.
	De comunicación- Los estudiantes desarrollarán comprensión acerca de la presentación y análisis de información contable en entidades del sector público teniendo en cuenta los lineamientos del Sistema de contabilidad pública colombiano.

Nota. Elaboración propia a partir de la matriz de análisis de RPA propuesto por Palomino & Maturana (2020)

Acciones de planeación propuestas

Para Diaz & Bustamante, (2020) la planeación profesional educativa se refiere al proceso mediante el cual los educadores diseñan estrategias y actividades para alcanzar objetivos específicos en el aprendizaje de los estudiantes. Es así como se comienza a tomar en consideración el modelo curricular del Programa de Contaduría Pública de la Institución de Educación Superior donde se encuentra vinculado el profesor investigador. El estudiante entrega tres evidencias principales: los mapas conceptuales realizados en clase, las nubes de palabras hechas a partir de las discusiones de clase y el informe final del proyecto final de síntesis. Para esta planeación se tuvieron en cuenta la formulación de RPA teniendo en cuenta las dimensiones de conocimiento, método, propósito y comunicación.

Acciones de implementación en el aula

La asignación de tiempos para desarrollar las actividades en clase juega un papel importante al momento de cumplir con una meta clara dentro de la planeación. Inicialmente, en el inicio de la clase se promueve la apertura o discusión sobre el tema de Sistema Contable Público, a partir de esta discusión se engancha el estudiante con el nuevo tema de interés en la clase. Posteriormente, se prepara una lectura de conceptos primigenios a cerca del Sistema Público Contable, esta lectura se presenta a los estudiantes con el objeto de establecer un análisis anterior (saberes previos) y posterior (primeras impresiones). El estudiante podrá contextualizar los conceptos previos y los referentes teóricos propuestos en la clase a partir del análisis y caracterización de una entidad pública real con información histórica. El estudiante podrá mejorar su comprensión sobre el funcionamiento de un sistema de información contable pública.

De manera concreta, se presenta al estudiante un ejercicio aplicado donde se busca establecer un acercamiento al contexto real de una entidad pública del Estado Colombiano, la caracterización de la entidad, la investigación de sus componentes contables y financieros y el análisis de cifras contribuye a la visibilización del pensamiento. Otro componente que se incluye en la implementación de la clase fue el ejercicio de la metacognición y la discusión abierta donde el estudiante tiene la oportunidad de ampliar y expresar sus comprensiones sobre el tema de la unidad de planeación trabajada. La gestión del tiempo contribuyó de manera importante en la fase de implementación, puesto que el estudiante pudo demostrar su capacidad de síntesis para presentar sus ideas y comprensiones.

Acciones de evaluación de los aprendizajes

Para Johnson & Johnson (2015) la evaluación se entiende como un proceso riguroso donde se recaban datos importantes que permiten evidenciar el avance en el aprendizaje del estudiante, a partir de esos datos se construye un juicio de valor donde se busca retroalimentar de manera efectiva al estudiante y se continua en la mejora del proceso de enseñanza-aprendizaje. Para este ciclo, el profesor investigador propone una evaluación donde se comienza a tomar en cuenta el papel del estudiante en su proceso evaluativo. Para el proyecto final de síntesis se presenta una heteroevaluación habitual donde existe una rúbrica concertada con criterios específicos. Así mismo, se habla de una autoevaluación donde se busca que el estudiante evalúe sus procesos de aprendizaje a partir de su desempeño.

Ciclo II. Estrategias en el aula. Un acercamiento a las herramientas de intelección de la hermenéutica

En este ciclo de reflexión se toma en consideración los hallazgos del ciclo II narrado con anterioridad. A partir de este análisis, se realizó una planeación profesional donde se tienen en cuenta las apreciaciones del par académico y se toma en consideración la inclusión de actividades que enganchen más al estudiante durante el proceso de aprendizaje En este ciclo se tomó el grupo de estudiantes de II semestre del Programa de Contaduría Pública en la asignatura Contabilidad I con una duración de 4 horas. A continuación, en la tabla 2 se puede observar la estructura de planeación propuesta.

Tabla 2

Estructura principal de la planeación Ciclo II

Competencia	*El estudiante podrá utilizar el contexto normativo tributario para liquidar impuestos, tasas y contribuciones en Colombia*
Resultados previstos de aprendizaje	· *Los estudiantes podrán identificar y definir el concepto de retención en la fuente y demás conceptos asociados: base gravable, tarifa, sujeto activo, sujeto pasivo y hecho generador* · *Los estudiantes serán capaces de desarrollar a detalle el proceso de cálculo de la retención en la fuente, teniendo en cuenta el tipo de impuesto en una transacción económica.* · *Los estudiantes podrán comprender la utilidad de la retención en la fuente como mecanismo de recaudo de impuestos de manera anticipada en Colombia* · *Los estudiantes podrán explicar de manera precisa el concepto de retención en la fuente a través de la resolución de un caso práctico de aplicación en un contexto empresarial*

Nota. Elaboración propia a partir de la matriz de análisis de RPA propuesto por Palomino & Maturana (2020).

Acciones de planeación propuestas

La planeación busca tener una secuencia didáctica, clara y oportuna donde el profesor pueda trazar una ruta hacia el aprendizaje y la revisión constante. Es así como se comienza a tomar en consideración los momentos didácticos de los que Feldman (2010). Estos momentos didácticos garantizan una armonía entre los recursos disponibles, la población estudiantil que se encuentra en el aula y la motivación del profesor investigador. El estudiante entrega tres evidencias principales: ideas base expresadas en notas superpuestas en el aplicativo Jamboard, Prueba diagnóstica por Google Forms (Antes pensaba y ahora pienso) y Finalmente un gráfico digital donde descompone cada una de las partes del concepto de retención en la fuente por medio de un ejemplo.

Acciones de implementación en el aula

Los recursos utilizados en clase se planearon con el ánimo de generar interacción en ambientes virtuales de aprendizaje AVA. Se continúa con una apertura inicial sobre el concepto de retención en la fuente, es allí, cuando el profesor deja a disposición del estudiante una pizarra digital para que el estudiante exprese sus ideas y nociones preliminares del concepto.

Posteriormente, se les instruye a los estudiantes el diligenciamiento de un Google Forms donde iniciaran la etapa diagnostica del curso. El estudiante siente mucha afinidad con la utilización de sus teléfonos celulares para vincularse con la actividad propuesta de clase. Este tipo de actividades generan más disposición e interés en el contenido de la clase.

De manera concreta, se presenta a los estudiantes unas ideas fuerzas del concepto de retención en la fuente. Para posteriormente, enseñar unas reglas básicas al momento de aplicar el concepto en el desarrollo de un problema específico. Otro componente que se incluye en la implementación de la clase fue el ejercicio de la metacognición donde el estudiante podía generar preguntas, comprensiones y posibles escenarios donde el concepto se tornaba difuso

Acciones de evaluación de los aprendizajes

Para este ciclo, el profesor investigador continúa con los procesos de hetero y autoevaluación y comienza a adentrarse en el proceso de coevaluación como parte de la evaluación formativa. Para el proyecto final de síntesis el estudiante debe tomar un problema en el cuál debe identificar cada parte del concepto de retención en la fuente y así mismo demostrar la utilización de la norma tributaria para resolver el problema.

CONCLUSIONES

Las conclusiones logradas teniendo en cuenta los resultados parciales de la investigación buscan establecer unas categorías emergentes claras donde se puede observar momentos de transformación de la P.E del profesor investigador. En cuanto a la planeación, establecer un análisis de conceptos estructurantes, identificar las competencias y valorar de manera permanente la necesidad de establecer unos criterios de evaluación de los aprendizajes fueron grandes hallazgos en el primer ciclo de reflexión presentados.

En este sentido, se ha fortalecido las acciones de planeación profesional sin dejar a un lado algunas prácticas tradicionales realizadas por el profesor investigador. Con relación a la implementación, el profesor investigador no tenía en cuenta los procesos de gestión de tiempos en el aula de clase. A partir de la reflexión, se propone organizar y optimizar el tiempo en las actividades de clase. Los estudiantes han recibido de mejor manera las actividades propuestas en clase, sienten que la actividad les deja un saldo importante en su aprendizaje.

Finalmente, en la evaluación de los aprendizajes el profesor investigador de manera tradicional se enfocaba en la necesidad de cuantificar el proceso evaluativo de manera unidireccional (profesor-estudiante). En este proceso de reflexión se pudo mejorar de manera importante la vinculación de nuevas actividades de evaluación colaborativa donde participa el estudiante desde diferentes roles; garantizando así, la apropiación conceptual y metodológica de los contenidos propuestos por el profesor investigador.

CUESTIONES PARA REFLEXIONAR

El objetivo principal de los ciclos de reflexión es la transformación de la práctica de enseñanza del profesor investigador contribuyendo así con el desarrollo de habilidades hermenéuticas en estudiantes de Contaduría Pública de la UPTC Sede Seccional Chiquinquirá. A partir de este propósito y de los resultados parciales surgen varios interrogantes: ¿De qué manera contribuye la planeación profesional en el quehacer diario del profesor investigador y cómo se ve reflejado en el aula de clases? ¿Las estrategias de enseñanza- aprendizaje donde se priorizan las actividades de metacognición, aportan al desarrollo de habilidades hermenéuticas como la interpretación y la intelección? ¿Cómo se puede evidenciar que el estudiante efectivamente mejoró sus habilidades hermenéuticas a partir de las estrategias de enseñanza-aprendizaje propuestas por el profesor investigador?

LA COMUNICACIÓN COMO FUNDAMENTO DE UNA CIUDADANÍA GLOBAL Y UNA EDUCACIÓN DE CALIDAD: EXPERIENCIA DESDE LA PRIMERA INFANCIA

Hugo Rozo-García
Universidad de La Sabana
hugoroga@unisabana.edu.co

Carolina Canal Laitón
Autor corresponsal
Jardín Infantil TANS, Chía, Colombia.
carolinacanla@unisabana.edu.co

RESUMEN

En el marco de los objetivos de desarrollo sostenible y asumiendo que se constituyen para la humanidad como una agenda común, se hace necesario situar a la comunicación como un eje fundamental del cuarto y décimo objetivo relacionados con educación de calidad y reducción de las desigualdades respectivamente. Por esta razón, el presente documento exhibe parte de una investigación realizada para fortalecer los procesos de comunicación e interacción en las aulas de primera infancia de niños con autismo, a través de la construcción e implementación de un sistema aumentativo y alternativo de comunicación. Los resultados demuestran que el uso de Comunicación Aumentativa Alternativa (CAA): a. Amplia el repertorio comunicativo, b. facilita la accesibilidad y por consiguiente reduce las desigualdades, c. mejora la autonomía permitiendo un empoderamiento de las personas con alteración en la comunicación, y d. fomenta la participación social. La principal conclusión es que se necesitan mayores esfuerzos para hablar de una educación inclusiva, equitativa y de calidad, que garantice la igualdad de oportunidad para aprender durante y a lo largo de toda la vida.

Palabras clave: Inclusión educativa, comunicación aumentativa, Educación de calidad.

CONTEXTO

La acción de comunicar es esencial en cualquier área de la vida de las personas, permite transmitir ideas, sentimientos, pensamientos, experiencias y establecer relaciones interpersonales. Teniendo en cuenta lo anterior, se podría asegurar que la comunicación facilita la resolución de conflictos, favorece el trabajo en equipo, ayuda a satisfacer las necesidades básicas, lo cual es primordial para el bienestar emocional y mental de los seres humanos y, garantiza de alguna manera el derecho a la educación, pues se concibe como una actividad esencial para el proceso mismo de aprendizaje (Hernández-Carrera, 2018). Por estas razones, la comunicación se convierte en un eslabón relevante en los procesos educativos, los cuales generan desarrollo humano, social y económico en las personas y en consecuencia en las sociedades en su conjunto (Lasswell, 1985). Asimismo, la comunicación robustece una educación de calidad y accesible para todos, permitiendo que las personas puedan adquirir los conocimientos, habilidades y valores necesarios para participar plenamente en la sociedad y poder tomar decisiones informadas sobre cuestiones globales, jugando un papel crucial en la promoción de la dignidad humana, la inclusión social, la diversidad cultural y la sostenibilidad ambiental.

En consecuencia, la educación da acceso a una sociedad cada vez más interconectada y globalizada, ayudando a formar ciudadanos críticos, comprometidos y responsables, que pueden contribuir de manera positiva al desarrollo sostenible y a la construcción de un mundo más justo, equitativo y solidario. Pero para que los procesos educativos se den de manera exitosa, es necesario garantizar ciertos mínimos de accesibilidad e inclusión, dentro de los cuales aparece la comunicación, como un elemento clave que se debe favorecer, cuidar y facilitar, teniendo en cuenta que el aprendizaje se realiza a partir de pares, construcción de saberes, es un tema social (Bandura & Walters 1977). Lo anterior claro que no excluye a las instituciones de primera infancia, pues hacen parte de esa ruta de aprendizaje a lo largo de toda la vida, siendo un desafío que se debe atender para que los objetivos de desarrollo sostenible puedan ser una realidad.

PLANTEAMIENTO DE LA SITUACIÓN

No obstante, a pesar de que la comunicación es un derecho fundamental no todas las personas pueden disfrutar y realizar esta acción, junto con los beneficios que esta ofrece, por diversas razones no pueden llevar a cabo los intercambios comunicativos de manera eficaz. A esto se suma la creencia errónea de que no se puede comunicar sin lenguaje, especialmente cuando las personas tienen Necesidades Complejas de Comunicación (NCC), haciendo hincapié en aquellos que poseen dificultades de forma temporal o permanente para la comunicación por medio del habla o de la escritura (Balandin, 2002; Iacono, 2002).

Sumando a lo anterior, no existe una estadística exacta sobre el porcentaje mundial de personas con NCC, ya que estas pueden variar ampliamente y no todas las personas con discapacidades de comunicación tienen necesidades complejas. Según la Organización Mundial de la salud (2011), el 15% de la población mundial padece algún tipo de discapacidad, entre esta estimación se encuentra la población que vive con alguna forma de discapacidad de comunicación, lo que incluiría a personas con autismo, parálisis cerebral, trastornos del habla y lenguaje, entre otros. No obstante, es vital tener claridad que el ser humano tiene derecho a comunicarse, no solo por tener NCC o una condición, sino porque somos seres humanos (Canal, 2024). Por lo anterior se debe garantizar la detección, la valoración e intervención y el seguimiento de estas necesidades, para poder ofrecer las adaptaciones y adecuaciones que permitan una equiparación comunicativa no solo para garantizar el derecho a la comunicación, sino también para garantizar el derecho a la educación de calidad de manera equitativa.

Asimismo, garantizar el derecho a la comunicación permitirá robustecer las dimensiones cognitiva, socioemocional y comportamental, dimensiones básicas para el aprendizaje, y centrales de la ciudadanía global de acuerdo con lo expuesto por la UNESCO (2015). Abordar estás dimensiones permite satisfacer las necesidades individuales y las esperanzas de la sociedad, para garantizar el bienestar de todos la humanidad y la comunidad global en general.

DESARROLLO DE LA INVESTIGACIÓN

Considerando lo expuesto anteriormente, desde la Maestría de Innovación Educativa mediada por TIC de la Universidad de La Sabana, surge una investigación que parte de la necesidad y la oportunidad de fortalecer en las aulas la comunicación e interacción de los niños con autismo desde la primera infancia, con el objetivo de reconocer a cada niño como un sujeto de derechos, con capacidades y potencialidades diversas.

En esta, se presenta una solución cimentada en la investigación basada en diseño, la cual permitió el diseño, desarrollo e implementación de un prototipo llamado TANSblero de ComuniCAAción, el cual está mediado por Comunicación Aumentativa Alternativa (CAA), éste fue implementado pedagógicamente como una elección de solución al problema práctico educativo que se estaba presentando en TANS Jardín Infantil, una institución educativa de preescolar ubicada en el municipio de Chía, que se caracteriza por ofrecer una educación inclusiva con experiencias basadas en el Diseño Universal para el aprendizaje (DUA).

Figura 1

Mockups del TANSblero de ComuniCAAción. Elaboración propia

El arquetipo planteado como se muestra en la Figura 1, fue el resultado de la aplicación del modelo CPS (Creative Problem Solving) – Proceso de Solución Creativa de Problemas, con el fin de solucionar las dificultades de enseñanza-aprendizaje dadas por alteraciones a nivel social y comunicativa dentro de las aulas del jardín utilizando principios de diseño existentes e innovaciones tecnológicas. Este prototipo tuvo tres iteraciones, estas permitieron realizar los diferentes refinamientos al prototipo desarrollado, favoreciendo su evolución desde un mockups, a un prototipo de alta fidelidad como se observa en la Figura 2; accediendo a tener mejoras incrementales de acuerdo con los principios de diseño que se tuvieron en cuenta al momento de ser creado; realizar los ajustes necesarios y razonables con cada uno de los usuarios del TANSblero; e incorporar elementos complementarios para potenciar los procesos de comunicación oral, gestual y escrita.

Figura 2

Prototipo de alta fidelidad del TANSblero de comuniCAAción para impresión en 3D. Elaboración propia

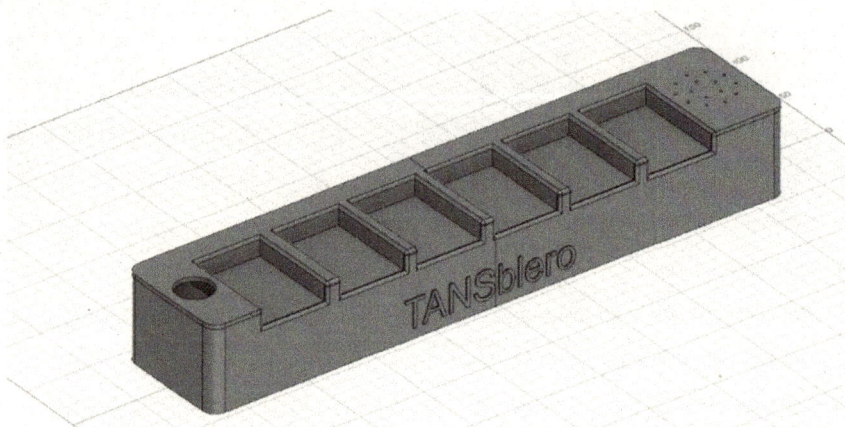

La implementación se llevó a cabo con una intervención pedagógica que involucró varios actores, diversas actividades y cuatro fases: una fase de avistamiento en la cual los usuarios tuvieron contacto visual con el prototipo por medio de diferentes experiencias, una fase aterrizaje en la cual el sistema hizo contacto con la comunidad educativa, una fase de adaptación, en la cual los procesos de comunicación e interacción se modificaron y ajustaron a las necesidades de cada usuario, y por último, se ejecutó la fase de apropiación con actividades que permitieron robustecer la autonomía e independencia por parte de los usuarios en el uso del TANSblero y en la interacción y comunicación en general.

En la Figura 3, se observa el desarrollo del ciclo iterativo realizado con el TANSblero de ComuniCAAción como artefacto, el cual permitió desplegar los tres principios que plantea Pastor (2018) en el DUA para el análisis y la planificación de la enseñanza en TANS Jardín Infantil. Durante las diferentes experiencias pedagógicas que se realizaron con el mismo, y que permitieron, en primer lugar, proporcionar múltiples formas de implicación, generando motivación hacia el aprendizaje no solo de los usuarios del TANSblero sino de todos los niños, en segunda instancia, proporcionar múltiples medios de representación por medio de un sistema de símbolos con pictogramas, salida de voz de las diferentes tarjetas pictográficas empleadas y tarjetas de lectura con método global, y por último, proporcionar múltiples medios de acción, participación y expresión en toda la comunidad educativa.

Figura 3

Ciclo iterativo del TANSblero de ComuniCAAción. Elaboración propia

Simultáneamente, se recogió la información de las diversas interacciones que los niños, y profesores tuvieron con el artefacto, para poder llegar a compilar los resultados que, a través de un análisis cualitativo y una triangulación por instrumentos se presentan como principales hallazgos. Dentro de los cuales se encuentra que, con el uso del tablero de comunicación mediado por CAA, se favorece el desarrollo y fortalecimiento de la dimensión comunicativa de los niños, apoyado con una intervención pedagógica clara e intencionada que a su vez robustece los procesos de interacción social, permitiendo que los niños puedan crecer bajo una educación de calidad, inclusiva y equitativa con la cual puedan ser garantes de un ejercicio de ciudadanía democrática, responsable, libre y crítica por el resto de su vida.

CONCLUSIONES

La educación para la ciudadanía global tiene como propósito principal, construir y fortalecer el respeto entre y para todos, edificando un sentido de identidad a una sociedad en la cual todos podamos ser ciudadanos integrales, activos y garantes (López & del Rey, 2022). Este objetivo permite formar a los individuos para que puedan enfrentar los desafíos globales de manera ética y responsable, promoviendo la participación activa en la sociedad y el respeto por los derechos humanos.

Además se debe tener en cuenta que la educación busca fomentar la conciencia crítica, el pensamiento reflexivo y la capacidad de análisis, para que las personas puedan cuestionar y transformar las estructuras de poder y las desigualdades presentes en el mundo, pero esto solo es posible si se garantiza total y permanentemente el derecho fundamental a la comunicación de todas las personas, trabajando como lo señala Mesa (2019), por una comunicación para una ciudadanía crítica global en el ámbito formal y no formal y permitiendo la construcción constante de una comunicación para la igualdad y una comunicación para la paz enmarcadas ambas en la pedagogía crítica y en la comunicación para el cambio social que tanto necesitamos.

De esta manera, se puede concluir que el diseño, construcción e implementación del TANSblero de comuniCAAción contribuye de manera significativa a la inclusión y sobre todo a fortalecer los procesos comunicativos de manera universal y específicamente de los niños con autismo en edad preescolar dentro de las aulas, permitiendo responder a los objetivos de desarrollo sostenible relacionados con la educación de calidad y la reducción de las desigualdades.

Es por esto, que se puede indicar que la Comunicación Aumentativa Alternativa (CAA) mejora los procesos comunicativos de todas las personas que tienen alteraciones en sus procesos de comunicación al proporcionar herramientas y estrategias para expresarse y para recibir información de manera efectiva, permitiendo de esta manera realizar un hincapié en cuatro resultados contundentes frente al proceso investigativo que potencian la educación para una ciudadanía global:

El primero, es la ampliación del repertorio comunicativo de los usuarios de CAA, ya que esta proporciona a las personas con dificultades de comunicación una gama más amplia de opciones para expresarse, lo que les permite comunicarse de manera más completa y efectiva.

El segundo, es que el uso de CAA, facilita la accesibilidad, permitiéndole a las personas con discapacidades comunicativas acceder a diferentes formas de comunicación, como el uso de imágenes, símbolos, signos, palabras escritas o dispositivos de baja, media o alta tecnología, lo que les ayuda a comunicarse de forma más autónoma permitiendo obtener así el tercer resultado obtenido con esta investigación, ya que empodera a las personas con dificultades de comunicación al permitirles expresar sus necesidades, deseos y opiniones de manera más independiente, permitiéndoles tomar decisiones informadas y tener más control sobre su vida.

Por último, como cuarto resultado, se observa como la CAA fomenta la participación social al mejorar la comunicación, esto se debe a que la CAA ayuda a las personas con dificultades comunicativas a participar más activamente en la sociedad, interactuar con los demás y establecer relaciones significativas.

En resumen, la Comunicación Aumentativa Alternativa en este caso mediada por el TANSblero de comuniCAAción, mejora los procesos comunicativos al proporcionar a las personas con dificultades de comunicación las herramientas necesarias para expresarse de manera efectiva, facilitar su acceso a la comunicación y fomentar su participación en la sociedad. Esto contribuye a obtener una educación de calidad, y reducir las desigualdades, permitiendo mejorar la calidad de vida de las personas, favorecer una mayor inclusión social, y promover 2 de los 17 Objetivos de Desarrollo Sostenible propuestos por las Naciones Unidas.

CUESTIONES PARA REFLEXIONAR

Para facilitar la ciudadanía global se debe garantizar lo básico y lo esencial, en este sentido la comunicación como derecho fundamental ineludible, de lo contrario se estarán aumentando brechas que son difíciles de abordar. Desde la educación y más aún desde las aulas se puede hacer mucho por sensibilizar y avanzar paso a paso.

La ciudadanía global como concepto y desde la educación, se debe construir a partir de la empatía, lo cual seguramente garantizaría la inclusión, la equidad, el respeto y el desarrollo de gran parte de la sociedad.

Aunque en las instituciones educativas parece ser que los tiempos para reflexionar, solucionar o proponer estrategias nuevas, son cada vez más escasos; esta investigación demuestra que vale la pena ayudar a las personas para formar sociedades más justas, pacíficas, tolerantes e inclusivas; e invertir tiempo en temas que muchas veces se consideran como complejos o sin una posible solución desde la escuela, pero que permiten la resolución de retos globales.

REFERENCIAS

Balandin, S. (2002). Communication and older people with lifelong disability: A role for speech pathologists? *Advances in Speech Language Pathology*, 4(2), 109–117. https://doi.org/10.1080/14417040210001669331

Bandura, A., & Walters, R. H. (1977). Social learning theory, 1, 141-154. Englewood Cliffs, NJ: Prentice hall.

Canal, C. (2024). Diseño de un tablero de comunicación aumentativa alternativa CAA para facilitar los procesos de comunicación e interacción de los niños con autismo en el aula. [Master's thesis, Universidad de La sabana]. Intellectum Repository. https://intellectum.unisabana.edu.co/

Hernández-Carrera, R. M. (2018). La comunicación en el proceso de enseñanza–aprendizaje: su papel en el aula como herramienta educativa. CAUCE. *Revista internacional de filología, comunicación y sus didácticas*, (41).

Iacono, T. (2002). Words. *Augmentative and Alternative Communication*, 18(4), 215–216. https://doi.org/10.1080/07434610212331281291

Lasswell, H. D. (1985). Estructura y función de la comunicación en la sociedad. *Sociología de la comunicación de masas*, 2, 50-68.

López, S. M., & del Rey, M. M. L. R. (2022). Educación, inclusión y formación para la ciudadanía mundial: racionalidad pedagógica de una relación necesaria. *Revista Varela*, 22(61), 18-26.

Mesa, M. (2019). La Educación para la ciudadanía global y los objetivos de desarrollo sostenible: Una agenda para la transformación social. *Revista Internacional de Educación para la Justicia Social*, 8(1), 7-11.

OMS (2011). Informe mundial sobre la discapacidad, Geneva: Organización Mundial de la Salud. Recuperado de https://www.who.int/es/publications/i/item/9789241564182

UNESCO (2015). Global Citizenship Education. Topics and Learning Objectives. Paris. Recuperado de: unesdoc.unesco.org/ark:/48223/pf0000232993

LA CIUDADANÍA GLOBAL EN LA PRÁCTICA DEL DOCENTE INSTRUCTOR DE LAS ACADEMIAS SED-CISCO

Adolfo Eleazar Rojas-Pacheco
adolforopa@unisabana.edu.co

Carlos Afredo Piza Malagon
carlospima@unisabana.edu.co

Paola Janneth Jimenez Bernal
paolajimbe@unisabana.edu.co

Diego Fernando Rodriguez Gonzalez
diegorodgo@unisabana.edu.co
Universidad de La Sabana

CONTEXTO

La alianza público-privada entre la empresa Cisco Cystems, de origen estadounidense, y la Secretaría de Educación del Distrito (SED) de Bogotá, en Colombia, ha dado lugar al desarrollo de las Academias SED-Cisco, esta colaboración establecida mediante el convenio No. 37052 del 21 de diciembre de 2000, tiene como objetivo desarrollar el programa Cisco Networking Academy y, actualmente, esta iniciativa se implementa en 20 Instituciones Educativas Distritales (IED) de educación media. El programa en mención cuenta con 33 docentes certificados como Instructores de Academia (Cisco Certified Networking Associate) quienes, guiados por el Plan de Formación Cisco y las Rutas de Formación de las IED, lideran procesos de formación de manera híbrida, es decir tanto virtual como presencial. Con respecto a sus modalidades de enseñanza estas incluyen centros de interés, líneas de profundización y el área de tecnología e informática (SED-UNIMINUTO, 2022), desarrollando su práctica docente a partir de los lineamientos postulados en las teorías en uso de McLean y Blackwell (1997).

Los logros de esta alianza son significativos contando con más de 20.000 egresados que han recibido certificaciones internacionales en áreas como: redes, inteligencia artificial, ciencia de datos y programación; además, se pueden señalar logros puntuales como que el programa enriquece los Proyectos Educativos Institucionales (PEI), así mismo los cursos impartidos dotan a los participantes de múltiples ventajas, por ejemplo, el fomento del desarrollo del pensamiento científico, tecnológico y computacional, la potenciación de las trayectorias académicas de sus estudiantes y la contribución al cierre de la brecha digital, todo lo cual redunda en una mejor formación profesional y un acceso más fácil al mundo laboral, desarrollando en ellos, a la vez, elementos de ciudadanía global (UNESCO, 2016).

PLANTEAMIENTO DE LA SITUACIÓN

La práctica docente en el siglo XXI enfrenta enormes desafíos como son la incertidumbre, la globalización y la revolución digital a los cuales se debe responder con acciones intencionales que produzcan efectos a nivel social en todo el planeta. En este orden de ideas, el docente instructor SED-Cisco desempeña un papel crucial asumiendo responsabilidades que incluyen: el guiar espacios de enseñanza y aprendizaje, la planificación de currículos, el proporcionar orientaciones y apoyo a los estudiantes, así como la evaluación de su rendimiento y seguimiento a egresados, todas estas son labores que no puede cumplir a cabalidad sin una constante actualización en los aspectos relacionados con su rol (SED-UNIMINUTO, 2023).

La práctica docente, entendida como un conjunto de acciones basadas en creencias y teorías de uso (McLean & Blackwell, 1997; Vergara, 2016), promueve la ciudadanía global al integrar aspectos normativos y sociales que impactan tanto al individuo como a la comunidad (Sorj, 2005). El docente instructor SED-Cisco, especialmente en las áreas de profundización y en tecnología e informática, fomenta la alfabetización digital, la ética en línea y la identidad digital. Estos aprendizajes empoderan a los estudiantes como protagonistas en la construcción de una ciudadanía global (Becerra, 2015).

La práctica del docente instructor de las academias SED-Cisco se aborda desde la fenomenología, esta postura epistemológica y ontológica enfatiza en "la importancia de estudiar la acción y el mundo social desde el punto de vista de los actores" (Vasilachis, 2009, p.50), es así cómo este enfoque busca describir, comprender e interpretar las experiencias desde la perspectiva de los participantes (Rodríguez, et al 1999).

En línea con lo anterior, para capturar las experiencias de los instructores de las academias SED-Cisco se utilizó un cuestionario virtual con preguntas abiertas dirigido a 21 docentes, quienes de manera anónima y voluntaria participaron describiendo sus prácticas. La información re colectada se sometió a un análisis de contenido, técnica que permite formular inferencias aplicables a su contexto y conocer las teorías expuestas sobre la práctica docente (McLean & Blackwell, 1997).

Al respecto, Gibbs (2012) señala: "el análisis cuidadoso de los temas, el contenido, el estilo, el contexto y el relato de las narraciones revelará la comprensión de las personas del significado de los acontecimientos clave en su vida o en su comunidad" (p. 84). De esta manera, el análisis proporciona una visión profunda de cómo los docentes interpretan y dan sentido a su práctica en el contexto de las academias SED-Cisco.

CIUDADANÍA GLOBAL

El concepto de ciudadanía global ha ganado relevancia entre académicos y educadores, especialmente desde su inclusión en la Agenda 2030 para el Desarrollo Sostenible. Esta agenda enfatiza la necesidad de cambios que promuevan la sostenibilidad económica, social y ambiental (Naciones Unidas, 2018). Los 17 Objetivos de Desarrollo Sostenible (ODS) establecen un marco para que las sociedades trabajen hacia la equidad, la igualdad de género, la dignidad, el desarrollo y la protección del medio ambiente. Específicamente, el concepto de ciudadanía global se integra en las metas de los ODS 4º (Educación de calidad) y 12º (Producción y consumo responsable), los cuales resaltan la importancia de las tecnologías digitales y las competencias necesarias para formar ciudadanos del siglo XXI (Bugallo-Rodríguez & Naya-Riveiro, 2018; Bujanda et al., 2014).

El concepto de ciudadanía global subraya la importancia de una educación que prepare a las personas para enfrentar los desafíos del siglo XXI con una perspectiva ética (Claro & Castro-Grau, 2023; Scott, 2015; Unesco, 2016). Sobre este asunto, la UNESCO junto con otros expertos en el tema proponen principios clave para orientar las prácticas pedagógicas de manera que fomente dicha ciudadania. A este respecto, ya desde 1998 Martha Nussbaum abogaba por una educación que cultivara la humanidad y formara ciudadanos con una visión cosmopolita (Gunderson, 2005), por su parte Tormey (2010) enfatiza la importancia de abordar la ciudadanía global desde la justicia social, destacando el papel crucial de la educación en este proceso, y Andreotti (2011) añade la necesidad de una comprensión crítica de las narrativas que guían los procesos educativos.

PRÁCTICA DOCENTE

La práctica docente ha sido objeto de estudio desde diversas perspectivas, lo que ha generado valiosas contribuciones para su desarrollo. Varios autores han propuesto enfoques significativos en este campo, por ejemplo, Dewey (1998), Londoño (2011) y Freire (2014) abogan por una práctica centrada en el estudiante, donde el conocimiento se construye a través del diálogo reflexivo y la experiencia. Por su parte, Danielson (1996) y Bain (2011) enfatizan la importancia de elementos como la planificación, preparación, instrucción, ambiente de aula e interacción para una práctica docente efectiva, subrayando la necesidad de una evaluación continua para mejorarla; mientras que Darling-Hammond (1997) añade una dimensión adicional: la preparación docente que debe ir más allá de lo técnico con un enfoque holístico que incluya aprendizajes profundos y un compromiso con la equidad, la justicia social y la inclusión (Edwards et al., 1993).

Es claro que la mejora de la práctica docente es crucial, ya que esta es determinante en el logro de objetivos académicos y en la eficacia de los sistemas educativos (Barber & Mourshed, 2008), sin embargo, el contexto global actual plantea nuevos desafíos, por lo que es imperativo adaptar los planes de estudio y la práctica docente de modo que se alineen con los Objetivos de Desarrollo Sostenible, en este sentido, la promoción de una Educación para la Ciudadanía Mundial (ECM) se vuelve fundamental (UNESCO, 2016).

DESARROLLO DE LA PRÁCTICA

La práctica del docente instructor se centra en tres aspectos principales, a saber: primero, liderar y guiar los espacios de enseñanza y aprendizaje, siendo su objetivo generar acciones para que los estudiantes asimilen conceptos y fortalezcan habilidades relacionadas con tecnologías de redes, programación, ciberseguridad y sistemas Cisco. Segundo, planificar el currículo, es decir, organizar la ruta de los cursos de Cisco en función de los objetivos de aprendizaje del colegio. Tercero, proporcionar orientaciones y apoyo, creando un espacio de aprendizaje donde los estudiantes puedan resolver sus dudas, recibir asistencia en la solución de problemas y mantener la motivación por el aprendizaje (SED-UNIMINUTO, 2023).

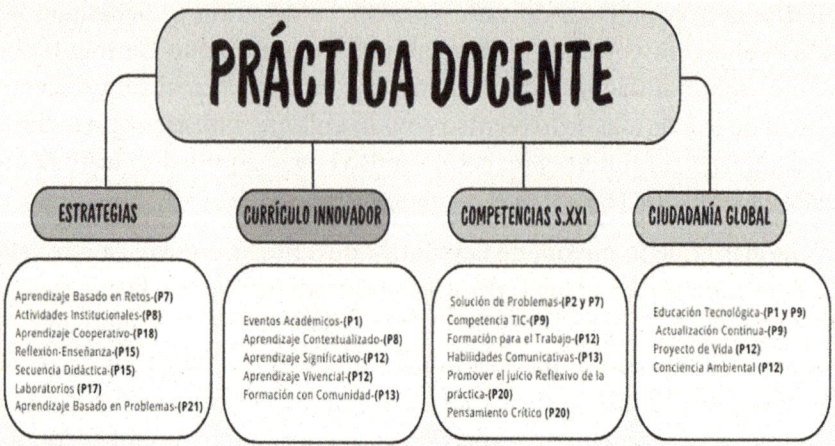

Figura 1. Práctica docente de Instructor docente SED-Cisco. Elaboración propia
Nota: En la figura 1 se presenta las principales practicas del docente instructor SED-Cisco.

Entre otras actividades intencionadas y debidamente planificadas (P1) recalca: «Incentivo la participación de jóvenes en la educación tecnológica de acuerdo con las tendencias actuales. Oriento los procesos de formación teniendo en cuenta el currículo propuesto por Cisco Networking Academy y la participación de estudiantes en eventos académicos acordes al plan anual de formación», este enfoque no solo estimula la formación tecnológica, sino que, adicionalmente, fomenta la participación en eventos académicos. Esta práctica promueve la cultura de investigación y el relevo generacional de investigadores, lo cual contribuye a mejorar la posición de Colombia en el Índice Global de Innovación, donde actualmente ocupa el puesto 63 entre los 132 países evaluados (World Intellectual Property Organization, 2022).

Asimismo, la narrativa de (P2) refiere: «Además de la formación técnica realizo articulación con otras asignaturas, mediante la observación y análisis de fenómenos del entorno, busco alternativas de solución a problemas reales desde la generación de estrategias apoyadas en la tecnología», de donde se infiere que el docente instructor de las academias SED-Cisco reconoce la importancia de educar en y para el siglo XXI (Unesco et al,. 1997), pues no le basta con dominar los contenidos, sino

Adolfo Eleazar Rojas-Pacheco, Carlos Afredo Piza Malagon, Paola Janneth Jimenez Bernal y Diego Fernando Rodriguez Gonzalez

que busca la mejor manera de enseñarlos (Shulman, 1986). La propuesta de problemas reales da como resultado no solo estudiantes hábiles y dotados de conocimientos, sino ciudadanos éticos, conscientes, responsables, con habilidades y competencias en pro del cuidado por sí mismo y del entorno (Unesco, 2016).

Por su parte, (P7) manifiesta: «Desarrollo mi práctica docente mediante el Aprendizaje Basado en Retos; inicio con la exploración de conocimientos previos, posteriormente ofrezco pautas para las posibles soluciones y finalizo las sesiones con la retroalimentación a partir de las soluciones generadas». De manera similar, (P21) refiere: «Desarrollo proyectos integrados con la estrategia ABP». A partir de estas narrativas se puede colegir que los enfoques bajo los cuales el docente instructor realiza su práctica evidencian dos elementos valiosos para el fomento de la ciudadanía global: el primero, centrarse en el estudiante (Puche-Navarro et al., 2006), y el segundo, gestar procesos de evaluación reflexivos mediante la retroalimentación (UNESCO, 2016).

De otro lado, el docente instructor (P8) manifiesta: «Oriento los cursos de formación desde las plataformas de Cisco, relaciono el contenido de los cursos con actividades contextualizadas en la vida de los estudiantes. Adicionalmente planeo y ejecuto actividades institucionales». Se hace evidente que al hacer uso de contextos reales para el desarrollo de la práctica docente mediada por las tecnologías de la información y la comunicación (TIC) se generan ambientes que preparan a los estudiantes para enfrentar los retos del siglo XXI (Scott, 2015; UNESCO, 2016; Claro & Castro-Grau, 2023).

A su vez, (P9) describe su práctica docente: «Capacito y acompaño a estudiantes del proyecto Cisco en competencias TIC. Asimismo, participo activamente en procesos de actualización continua». En este caso, el docente instructor da relevancia de manera explícita a los procesos de actualización, los cuales son un elemento fundamental para la educación en ciudadanía mundial y, por ende, una característica de quien lidera dicha formación (UNESCO, 2016).

Continuando con las narrativas (P13) expone: «Imparto formación tecnológica a los estudiantes de la institución y también a la comunidad educativa», haciendo alusión al componente de desarrollo de habilidades para la comunicación (UNESCO, 2016), en cuyo caso la alfabetización tecnológica y el uso ético de la información, así como de las plataformas y redes, resultan fundamentales para la promoción de la interculturalidad y, en consecuencia, para tener una visión cosmopolita (Gunderson, 2005; Ribble, 2007).

Mientras que (P12) enuncia: «Lidero programas de formación introductoria al mundo laboral, ajustando los contenidos a las características socioeconómicas del sector donde se encuentra ubicado el colegio, y al proyecto de vida de los estudiantes, en sintonía con los perfiles laborales demandados en Bogotá, Colombia y a nivel mundial. Mi práctica se integra obligatoriamente con el PEI de la institución, cuyo lema es "Ciudadanos competentes en un mundo globalizado", y se enmarca en un modelo pedagógico de aprendizaje significativo. Me apoyo en el modelo de aprendizaje vivencial según el curso». Este enfoque concuerda con el concepto de Ciudadanía Global, promovido por Martha Nussbaum, el cual propende por una educación que cultive el sentido de humanidad y fomente una visión cosmopolita, promoviendo una diversidad de vocaciones y formando ciudadanos del mundo (Gunderson, 2005). Este enfoque educativo se ajusta a la formación de estudiantes capaces de enfrentar los retos locales y globales, actuales y futuros, del mercado laboral (UNESCO, 2016).

La narrativa de (P15) apunta: «Inicio la clase con una frase motivacional que suscita la reflexión-enseñanza. Posteriormente planteo el objetivo y explico el tema a tratar, luego sugiero actividades prácticas para su mejor entendimiento»; en esta misma línea, (P16) puntualiza que en su práctica docente cotidiana desarrolla los siguientes pasos: «Planteo los objetivos de la sesión, indico las partes en que se divide, desarrollo las actividades, evalúo, diagnostico y concluyo». De manera parecida, (P17) expresa: «Expongo los objetivos y temática y desarrollo laboratorios». Estos enfoques concuerdan con las teorías educativas de Dewey

Adolfo Eleazar Rojas-Pacheco, Carlos Afredo Piza Malagon, Paola Janneth Jimenez Bernal y Diego Fernando Rodriguez Gonzalez

(1998) y Freire (2014), quienes destacan la importancia de centrarse en el estudiante, fomentando el conocimiento a través del diálogo reflexivo y las experiencias prácticas; de manera similar, Danielson (1996) y Bain (2011) hacen énfasis en que, para mejorar la práctica docente, es necesario la planificación, preparación, instrucción, ambiente de aula e interacción efectiva, así como la evaluación constante.

Las acciones generales de la práctica de (P18) se manifiestan así: «Promociono los cursos de formación, planifico clases, organizo grupos (...) En las clases desarrollo las actividades de enseñanza aprendizaje y evaluación». Esta narrativa evidencia el liderazgo del instructor dentro del proceso y su rigurosidad en el desarrollo del programa de formación de la Academia, haciendo énfasis en que el aprendizaje cooperativo permite tanto la adquisición de habilidades comunicativas como el desarrollo de la capacidad de trabajo en equipo, características de relevancia capital para la consecución de una ciudadanía global (UNESCO, 2016).

Por su lado, (P20) puntualiza: «Involucro conocimientos, habilidades y reflexiono constantemente para mejorar la enseñanza y el aprendizaje de los estudiantes de la Academia». Esta afirmación confirma que el desarrollo del pensamiento crítico, en particular del juicio reflexivo, permite que la práctica se fortalezca, siendo esencial para la toma de decisiones y la resolución de problemas educativos (Dwyer, 2023).

CONCLUSIONES

El docente instructor SED-Cisco se perfila como un tecno-pedagogo que utiliza de manera apropiada la tecnología para promover la construcción de conocimiento y las competencias necesarias para hacer frente a las problemáticas del siglo XXI. En su práctica docente diseña, crea, ejecuta y evalúa e-actividades encaminadas al aprendizaje y aplicación del contenido técnico-científico necesario a nivel personal, empresarial y social en la búsqueda de sostenibilidad y ciudadanía global.

La práctica docente del instructor SED-Cisco responde a las demandas del mercado laboral local y global, ajustándose a los Objetivos de Desarrollo Sostenible, a una educación para la ciudadanía mundial y formando estudiantes capaces de resolver problemáticas de su entorno con un enfoque ético y responsable. Esta metodología holística y centrada en el estudiante refleja un compromiso profundo con una educación equitativa y de calidad, esencial para el desarrollo sostenible.

La promoción de un currículo de ciudadanía global presenta cierto conflicto con las metodologías de trabajo basadas en problemas ya que la primera convoca a pensar globalmente, mientras que la segunda se enfoca en resolver problemas desde la urgencia y pertinencia contextual local (Mairi et al., 2023). No obstante, gracias a su experiencia, el docente instructor SED-Cisco logra armonizar y equilibrar estas dos posturas.

Finalmente, las narrativas permiten inferir que el docente instructor SED-Cisco a pesar de su capacitación constante aun se encuentran en un proceso de apropiación frente a las acepciones de ciudadanía digital y global, pues las emplea indiscriminadamente. Es necesario distinguir que la primera permite la interacción ética en los entornos virtuales mientras que la segunda implica la comprensión y el compromiso con problemas de alcance mundial.

CUESTIONES PARA REFLEXIONAR

La práctica docente enfrenta el gran desafío de fomentar la implementación crítica y el desarrollo ético de las TIC en niños y adolescentes cuya madurez neuropsicológica los hace susceptibles a convertirse en individuos nomofóbicos, la integración de estas tecnologías en la educación resulta incompleta si afecta negativamente la interacción social y la salud mental de los estudiantes.

El Distrito cuenta con 752 colegios oficiales de los cuales 20 participan en la alianza público-privada entre la SED y Cisco Systems y los más

Adolfo Eleazar Rojas-Pacheco, Carlos Afredo Piza Malagon, Paola Janneth Jimenez Bernal y Diego Fernando Rodriguez Gonzalez

de 20.000 egresados fortalecen el capital cultural para la ciudadanía global y la paz. Sin embargo, se hace necesario favorecer la participación de una población escolar significativa que también requiere integración tecnológica, alfabetización y ciudadanía digital.

En línea con estos postulados surgen las siguientes inquietudes: ¿Cómo hacer posible la ciudadanía global sin priorizar la atención, formación y acompañamiento a poblaciones vulnerables y de especial protección constitucional, como es el caso con desplazados, indígenas y población rural? ¿No resulta para ellos la ciudadanía global una manera más de exclusión?

REFERENCIAS

Andreotti, V. (2011). Actionable Postcolonial Theory in Education. En Palgrave Macmillan. https://doi.org/10.1057/9780230337794

Bain, K. (2011). What the Best College Teachers Do. https://doi.org/10.2307/j.ctvjnrvvb

Barber, M. & Mourshed, M. (2008). Cómo hicieron los sistemas educativos con mejor desempeño del mundo para alcanzar sus objetivos. Mckinsey & Company. https://www.mckinsey.com/~/media/mckinsey/industries/public%20and%20social%20sector/our%20insights/how%20the%20worlds%20best%20performing%20school%20systems%20come%20out%20on%20top/como_hicieron_los_sistemas_educativos.pdf

Becerra, M. (2015) Revolución digital: Ciudadanía y derechos en construcción. Cuaderno SITEAL. UNESCO. https://unesdoc.unesco.org/ark:/48223/pf0000371035?posInSet=1&queryId=9ab-db538-1aed-4453-8441-cb84525758e9

Bugallo-Rodríguez, Á. & Naya-Riveiro, M. (2018). Educación para la Ciudadanía Global (ECG): Comprendiendo lo internacional a través de lo local. Revista LusóFona de educação. 41, 139-151. https://doi.org/10.24140/issn.1645-7250.rle41.09

Bujanda, M., Ruiz V., Molina A. & Quesada S. (2014). Competencias del siglo XXI. Guía práctica para promover su aprendizaje y evaluación. Fundación

Omar Decngo.Unesco. https://viaeducacion.org/downloads/ap/ehd/competencias_siglo_xxi.pdf

Claro, M. & Castro-Grau, C. (2023). El papel de las tecnologías digitales en los aprendizajes del siglo XXI. Oficina para América Latina y el Caribe del IIPE UNESCO. https://unesdoc.unesco.org/ark:/48223/pf0000386981?posInSet=1&queryId=d9bb6df7-a42b-44fd-9317-dbecb222d251

Danielson, C. (1996). Enhancing Professional Practice: A Framework for Teaching. http://ci.nii.ac.jp/ncid/BA88470691

Darling-Hammond, L. (1997). The Right to Learn: A Blueprint for Creating Schools That Work. http://ci.nii.ac.jp/ncid/BA30814128

Dewey, J. (1998). Democracia y Educación. Morata. https://circulosemiotico.wordpress.com/wp-content/uploads/2012/10/dewey-john-democracia-y-educacion.pdf

Dwyer, C. (2023). An Evaluative Review of Barriers to Critical Thinking in Educational and Real-World Settings. Journal Of Intelligence, 11(6), 105. https://doi.org/10.3390/jintelligence11060105

Edwards, C., Gandini, L. & Forman, G. (1993). The Hundred Languages of Children: The Reggio Emilia Approach to Early Childhood Education. Ilustrada. http://ci.nii.ac.jp/ncid/BA20914716

Freire, P. (2014). Pedagogy of the Oppressed. Bloomsbury Academic. https://www.amazon.com/Pedagogy-Oppressed-Anniversary-Paulo-Freire-ebook/dp/B00M0FQHQO

Gibbs, G. (2012). El análisis de datos cuantitativos en investigación Cualitativa. Morata

Gunderson, M. (2005). Cultivating Humanity: A Classical Defense of Reform in Liberal Education. Harvard University. https://doi.org/10.36366/frontiers.v11i1.161

Mairi, S., Gruber, J., Mercer, S., Schartner, A., Ybema, J., Young, T. & Van der Meer, C. (2023). Teacher educators' perspectives on global citizenship education and multilingual competences. Journal of Multilingual and Multicultural Development, 1-17. https://doi.org/10.1080/01434632.2023.2170388

McLean, M., & Blackwell, R. (1997). Opportunity Knocks? Professionalism and excellence in university teaching. Teachers and Teaching, 3(1), 85-99. https://doi.org/10.1080/1354060970030106

Adolfo Eleazar Rojas-Pacheco, Carlos Afredo Piza Malagon, Paola Janneth Jimenez Bernal y Diego Fernando Rodriguez Gonzalez

100

Naciones Unidas. (2018). La Agenda 2030 y los Objetivos de Desarrollo Sostenible: una oportunidad para América Latina y el Caribe. (LC/G.2681-P/Rev.3). https://repositorio.cepal.org/server/api/core/bitstreams/cb30a4de-7d87-4e79-8e7a-ad5279038718/content

Londoño, C. (2011). Democracia y educación. Educacion y Ciencia, 9, 117-118. https://revistas.uptc.edu.co/index.php/educacion_y_ciencia/article/view/707/706

Puche-Navarro, R., Ossa, J., & Guevara M. (2006). La resolución de problemas, ¿una alternativa integradora? Revista Educación y Pedagogía. Universidad de Antioquia, Facultad de Educación. 18(46), 167-189. https://revistas.udea.edu.co/index.php/revistaeyp/article/view/6943/6356

Ribble, M. (2007). Digital Citizenship in Schools. Ilustrada. http://ci.nii.ac.jp/ncid/BB16242768

Rodríguez, G., Gil, J. y García, E. (1999). Metodología de la investigación Cualitativa. Aljibe.

Scott, L. (2015). Investigación y prospectiva en educación. El futuro del aprendizaje. ¿Qué tipo de aprendizaje se necesite en el siglo XXI? Unesco. Unesco. https://unesdoc.unesco.org/ark:/48223/pf0000242996_spa/PDF/242996spa.pdf.multi

SED-UNIMINUTO (2023). Actualización del manual de procedimientos de las Academias SED-CISCO. Secretaría de Educación del Distrito-UNIMINUTO.

SED-UNIMINUTO. (2022). Academias para la cuarta revolución industrial. Secretaría de Educación del Distrito-UNIMINUTO

Shulman, L. (1986). Those Who Understand: Knowledge Growth in Teaching. Educational Researcher, 15(2), 4-14. https://doi.org/10.3102/0013189X015002004

Sorj, B. (2005). La democracia inesperada. Prometeo.

Tormey, R. (2010). The silent politics of educational disadvantage and the National Anti-poverty Strategy. Irish Educational Studies, 29(2), 189-199. https://doi.org/10.1080/03323311003779076

Turner, B.(2002). Cosmopolitan Virtue, Globalization and Patriotism. Theory, Culture & Society, 19(1-2), 45-63. https://doi.org/10.1177/026327640201900102

Unesco. (1997). Los aprendizajes globales para el siglo XXI: Nuevos desafíos para la educación de personas jóvenes y adulas en América Latina. https://

unesdoc.unesco.org/ark:/48223/pf0000147350?posInSet=1&queryId=51a20 7e7-08a0-4b3a-a141-97f1f5bc6768

Unesco. (2016). Educación para la ciudadanía mundial: preparar a los educandos para los retos del siglo XXI. Unesco. https://unesdoc.unesco.org/ ark:/48223/pf0000244957

Unesco. (2017). Educación para los Objetivos de Desarrollo Sostenible: Objetivos de Aprendizaje. Unesco. https://unesdoc.unesco.org/ark:/48223/ pf0000252423

Vergara, M. (2016). La práctica docente. Un estudio desde los significados. Cumbres. 2(1), 73-99. https://doi.org/10.48190/cumbres.v2n1a5

World Intellectual Property Organization. (2022). Global Innovation Index 2022: What is the future of innovation-driven growth? WIPO. https://doi. org/10.34667/tind.46596

EL DIÁLOGO COMO POSIBILIDAD PARA LA CIUDADANÍA GLOBAL

Johanna Chocontá Bejarano
johanna.choconta1@unisabana.edu.co
Universidad de La Sabana

CONTEXTO

Colombia es un país sudamericano que ha vivido un conflicto armado durante 50 años (Naciones Unidas, 2018). Algunas acciones fatales de la guerra interna fueron secuestros, extorsiones, reclutamiento forzado de niños y uso como soldados de grupos armados, desplazamiento forzado de agricultores y comunidades étnicas, entre otras formas de violación de los derechos humanos. Después de años de diálogo, el 24 de noviembre de 2017 se firmó el acuerdo de paz entre el gobierno y las ex FARC guerrilleras (Alto Comisionado para la Paz, 2016). Sin embargo, cuando los colombianos esperaban una paz largamente esperada, en el país vecino Venezuela, surgieron las crisis sociales internas y las familias tuvieron que emigrar para buscar un lugar mejor para vivir. Según el informe de la Organización Internacional de Migración (OIM por sus siglas en inglés) la mayor cantidad de migrantes y refugiados del vecino país se encuentran en Colombia; para enero de 2024 se estimó que hay más de 2,8 millones de personas (OIM, 2024). En la actualidad, las familias de bajos ingresos colombianos y venezolanos sufren día a día para trabajar y ganar dinero para cubrir necesidades básicas como vivienda, alimentación y servicios de salud. Las escuelas gubernamentales han apoyado a los niños con el derecho a la educación, mientras que los padres trabajan. Sin embargo, la asistencia psicológica y social a los niños pequeños que han sufrido el flagelo del conflicto político-social ha sido lenta, y los educadores tienen el gran desafío de crear y desarrollar espacios escolares para reflexionar, dialogar y promover una cultura de paz como ciudadanos del mundo, que lleva a la pregunta ¿cómo se puede promover el diálogo en las escuelas en un contexto de conflicto?

DOCUMENTACIÓN PEDAGÓGICA

Esta documentación pedagógica se basa en tres experiencias de un proyecto desarrollado en una escuela oficial local ubicada en Chía- Cundinamarca, Colombia, que atiende a estudiantes de transición a niveles de escuela secundaria. El proyecto nació con la idea de ser real la Ley 1732 que, según el Ministerio de Educación Nacional, todas las instituciones habían seguido en el momento en que el Gobierno y uno de los grupos armados negociaron la paz. El objetivo del proyecto fue escuchar las voces de los niños para construir conjuntamente una cultura de paz en uno de los lugares donde la población se vio afectada por conflictos armados internos y externos. El nivel elegido fue la Transición A, compuesto por 22 niños de cuatro a seis años y la maestra titular. El proyecto se presentó al director y se envió el consentimiento de la ética para los padres. La metodología utilizada fue el diálogo con los niños, el maestro y el grupo de tres practicantes que escucharon atentamente los intereses de todos los niños como se trabaja en una comunidad de investigación de Filosofía para Niños (Sharp y Reed, 1992). Además, se utilizaron Rutinas de pensamiento del Proyecto Zero para registrar a través de dibujos su pensamiento para "hacer visible el pensamiento" (Wilson, et al. 2003, p. 110; Ritchhart et al. 2015). La maestra y los practicantes escucharon y transcribieron las respuestas de los niños sobre sus dibujos para analizarlos después de las sesiones y planificar la siguiente. El dibujo como medio de expresión y las "herramientas para pensar" (Tovey, 2017, pp. 20-21) se consideraron como un puente que permitía conectar las experiencias de los niños con sus emociones y pensamiento, promover la empatía y el pensamiento crítico.

EL DIÁLOGO COMO HERRAMIENTA DE PAZ

"Encontrar la propia voz... hablar de nosotros, desde nosotros, entre nosotros"

Skliar, 2018

La pedagogía de la paz es la posibilidad de reconocer que cada niño es diferente y único, y no importa la edad, el género, el estado, la nacionalidad, el idioma, el origen étnico o cualquier otra característica personal las cuales expresa de muchas maneras al considerarse que "el niño tiene cien lenguajes' (Malaguzzi, 2012, en Edwards et al. 2012, p. 3). Sin embargo, la monotonía, las reglas y la dinámica de la escuela, que de muchas maneras están dispuestas para que los adultos mejoren el conocimiento y el desarrollo holístico de los niños, en ocasiones ignoran la voz de los niños, cruciales para construir una sociedad mejor. Paulo Freire se refiere a la enseñanza como "un acto de amor" (Darder, 2002, p. 91), y pensó que la pedagogía debía dialogar para promover la solidaridad y la transformación del miedo y la opresión en la libertad (Ibid, p. 91). En un sentido similar, Clark y Moss (2011) se han inspirado en la documentación pedagógica de Reggio Emilia; en la tarea de "escuchar a los niños pequeños" en su documentación usan el proceso de diálogo, reflexión e interpretación para escuchar y reconocer el interés de los niños a fin de alentar a los educadores, instituciones y responsables políticos a transformar las prácticas y las concepciones sobre la educación de la primera infancia. (2011, pp. 6-9) El "proceso participativo" que promueven, reconoce a los "niños como expertos en sus propias vidas" (Clark y Moss, 2011, p. 8). Además, el diálogo constructivo significa vivir procesos democráticos, que permiten que los niños puedan expresar sus gustos, disgustos, sueños e intereses. En ese sentido, la democracia no está dando voz, porque los niños tienen la suya, significa generar oportunidades para reunirse con otros, escuchar con atención, comprenderlos y realizar acciones al estar juntos. Es relevante que las "escuelas piensen en las existencias y no solo en las presencias" (Skliar, 2012).

Figura 1: Comunidad de indagación o diálogo

¿CÓMO EMPEZAR A HABLAR CON DESCONOCIDOS? NACE UNA COMUNIDAD DE DIÁLOGO

El proyecto se centró en escuchar con atención las voces de los niños, pero no todos querían hablar, algunos parecían tímidos; otros respondieron o levantaron la mano, o comenzaron a hablar antes de hacer las preguntas. En primer lugar, se dispuso el aula. Se quitaron sillas y mesas del centro de ese espacio y, en su lugar, se ubicaron cojines para todos en forma circular, siguiendo el Programa creado por Mathew Lipman en 1960, Filosofía para niños, porque en el círculo "todos eran considerados iguales". a todos los demás (Ohlsson, 1998, p. 27). Esta acción también se compara al "Tiempo del círculo" propuesto por Froebel "para ayudar a los niños a obtener un sentido de unidad e interconexión" (Wolfe, 2002, p. 92). Luego, con un juego, se mencionó que dentro del círculo -podíamos pensar y hablar con libertad-. Las primeras reuniones no fueron demasiado productivas para incitar la conversación por lo que se uso el Word Toy o Muñeco de la palabra, que comúnmente se utiliza para respetar el turno de hablar y preguntar y provocar a los niños a hablar, especialmente con aquellos que eran tímidos para hacerlo. Este muñeco de peluche era grande y estaba hecho de algodón suave; todos los niños estaban emocionados de abrazarlo y eligieron un nombre en una consulta democrática. Pasaron los días y los niños se sintieron más cómodos en la comunidad de investigación, todos aprendimos el nombre, los gustos y algunos intereses. La pedagogía de la paz comienza cuando reconocemos a todos en la comunidad.

Al final del día, nos dimos cuenta de que el grupo de niños entraba y salía de la escuela usando una entrada anexa, no usaban la puerta principal como todos los otros estudiantes de la institución. Además, no compartían el mismo patio de recreo ¿por qué? ¿Los niños conocen su propia escuela? Por qué no?

Figura 2: Entrada apartada de la escuela y patio de juego

¡VAMOS A CONOCER NUESTRO COLEGIO!

"Ellos tienen su propia entrada. Los pequeños no se mezclan con los grandes. Esos gigantes!"

Maestra titular.

La maestra dijo que tenían otra entrada porque los niños podrían encontrar más fácil el aula, no se mezclan con los mayores, refería varias veces que: "Esos gigantes de pronto los tumban o les enseñan mañas o malas palabras". Recalcaba en varias oportunidades que, como era la maestra principal debía garantizar que todos los niños estuvieran bien, lo que se traducía en acompañar a todos en los desplazamientos: cuando iban al baño, a la biblioteca, ubicada el mismo edificio, cuando iban al comedor o al patio de juegos todos los niños hacían fila. Los niños pequeños nunca jugaron en el mismo espacio que los estudiantes mayores, "tienen su propio patio trasero", porque tal vez podrían golpearlos, comunicarse con malas palabras o golpearlos con los balones en los descansos; este mensaje era recordado a sus estudiantes de manera constante. Sin embargo, en la primera experiencia, la mayoría de los niños contaron que tenían hermanos, primos, vecinos en la misma escuela. Un aspecto importante de la que enmarca Verónica Boix (2015) al hablar de las competencias globales es justamente la posibilidad de compartir experiencias importantes con otros seres humanos; es revelar lo que es invisible para co-construir relaciones basadas en los intereses de los niños; porque, ¿qué tipo de sociedad nos formamos cuando los adultos piensan que los niños podrían dañar a sus propios compañeros en la escuela si se convive con ellos en la casa o en el vecindario, pero no en el colegio? A esa pregunta, agregamos otra que redondeó nuestras cabezas, "¿Qué significa estar juntos en las escuelas?" (Skliar, 2010).

Los niños necesitan conocer personas que comparten momentos con su comunidad y vivir experiencias con ellos "para obtener una comprensión social" (Robson, 2012, p. 51); de lo contrario, podrían ser extranjeros en su propio contexto, lo cual es peligroso para desarrollar habilidades sociales, como el sentido de pertenencia, el compromiso social y la cooperación. Piaget estuvo de acuerdo con la implicación del desarrollo de *habilidades interpersonales* para "desarrollar la negociación de ideas con otros", y Brunner (1983) incluye otra habilidad social, la *inteligencia conversacional* definida como "una inteligencia que trata de negociar con otras mentes para compartir el proceso de conciencia consciente y el pensamiento con propósito en sí mismo" (en Trevarthen, 1998, pp. 89-90). Sin embargo, para desarrollar esas habilidades, es esencial un contexto que permita la interacción, la participación y el diálogo.

Figura 3: Lo que más les gustó a los niños de su colegio fue...

En la segunda experiencia, los niños fueron invitados a conocer su escuela a través de una rutina de pensamiento adaptada *Veo, pienso, dibujo* (Ritchhart et al., 2014), siguiendo la pregunta: ¿Qué es lo que más te gustó y no te gustó de la escuela? Después del paseo por la institución, los niños hicieron dibujos, que fueron socializados en la comunidad de diálogo. Los dibujos y la conversación con los niños diferían del discurso de su maestra. Las respuestas se dividieron de acuerdo con lo que más les gustó en dos categorías: a) lugares y objetos b) personas.

Tabla 1: lugares, objetos y personas que más les gusta a los niños

Lugares	Personas
Me gustaron las escaleras del Segundo piso.	Me gusto el edificio 1, donde están los estudiantes mayores.
Me gusto el edificio 1. Era el más grande!	Me gusto la cancha de baloncesto y la cancha de fútbol. Había muchos niños y niñas.
Me gusto la escalera de colores.	Me gustaron las secretarias. Son muy bonitas.
Me gusto la oficina de la rectora. Es muy grande.	Me gustó la secretaria y sus secretarias.
Me gusto la pintura de la tortuga.	Me gusto la rectora, es muy bonita y amable.
Me gustó todo mi colegio.	

La Tabla 1 muestra que las preferencias de los niños estaban relacionadas con lo que la maestra veía como un peligro para ellos: las escaleras, los estudiantes mayores y los espacios grandes. En comparación con su propia entrada y el pequeño parque infantil, los niños disfrutaron de estar en contacto "con los gigantes". Sara Meadows comenta a propósito del discurso de Bronfenbrenner:

> La escuela contiene microsistemas dentro de los cuales los niños se relacionan con otros que a menudo son de gran importancia emocional y práctica para ellos. (Bronfenbrenner, 1981 en Meadows, 2010, p. 206).

En ese sentido, podría pensarse que la relación social, la inteligencia emocional, el respeto y otros valores ocurren en la práctica diaria en esos microsistemas comunes como la escuela y el hogar, como menciona Carlos Skliar: "Todo en la escuela debería ocurrir en gerundio: leer, leyendo, jugar-jugando, amar – amando" (Skliar, 2012) y también podríamos agregar vivir-viviendo. Desafortunadamente, en la escuela a veces el discurso está separado de la práctica. Por otro lado, los dibujos y las respuestas sobre lo que menos le gustó de la escuela estaba relacionado con el medio ambiente, lo cual es significativo al relacionarlo con la educación ambiental que indaga por el bienestar de las personas, su contexto y todo aquello que los involucra:

Maria: no me gustó el estacionamiento de bicicletas

Carlos: No me gustó el túnel.

Jair: No me gustó la pared rayada, parece fea.

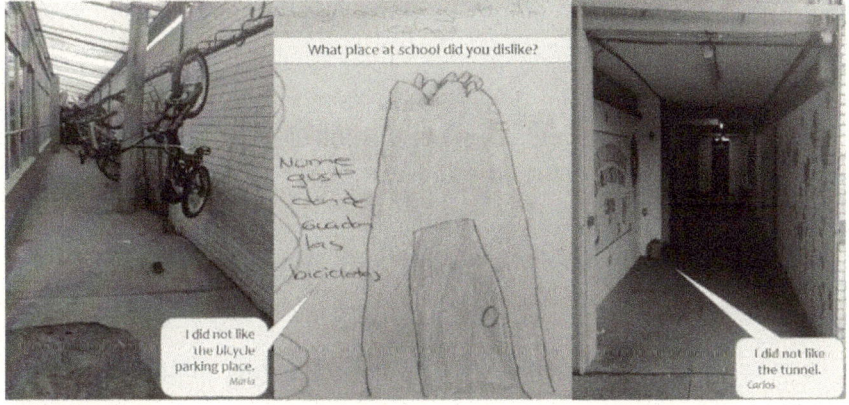

Figure 4: Lugares que no les gustó a los niños.

MI LUGAR SEGURO: MI ESCUELA COMO LUGAR SEGURO

"Si el salón es un lugar seguro, ¿porque la puerta siempre está cerrada?"

María, 5 años

Podríamos analizar que los lugares que a los niños no les gustan de la escuela estaban relacionados con lugares inseguros: oscuros, aislados o sucios. Pudimos ver claramente uno de los principios de Malaguzzi: el ambiente es el tercer profesor ya que ella menciona que "el ambiente no es solo lo visual" (Strong-Wilson y Ellis, 2007, p. 41), también es lo que sientes y construyes dentro de él. Surgieron dos interrogantes: ¿el diseño de la escuela fue creado para promover la paz a fin de sentirse seguros y libres? Y el segundo estaba relacionado con conocer el mesosistema (Bronfenbrenner, 1981) en otros lugares diferentes al hogar y la escuela y a las personas que los conforman. ¿Qué hay de parques, plazas, calles, hospitales y otros lugares donde transita la infancia, se consideran seguros para ellos?

La tercera experiencia fue diseñada para seguir una rutina de pensamiento adaptada: *pienso, dibujo, socializo*. A la pregunta global: ¿Cuál o cuáles son sus lugares seguros? Las respuestas en su mayoría fueron: *mi casa y mi escuela.*

Las respuestas se relacionaron no solo con la construcción física, que representa refugio o protección, sino también con las personas que viven dentro:

Tomás: Mis casas: ¡mi mamá vive aquí y mi tía vive aquí!

Lucas: Mi casa, porque mi papá está allí.

Carla: Mi casa, porque vivo con mi familia; mi papi, mi mamá, mi hermanita y yo.

Dana: Mi casa, porque mi mamá y mi papá viven allí.

Otras respuestas relacionadas con un lugar que debe protegerse contra los peligros:

Danilo: Mi casa, la guardo de los ladrones.

Nadia: mi casa para evitar ladrones. Mi escuela, porque la policía (los guardias) me cuidan.

Carlos: La escuela, mi casa, un armario.

Figure 5: Los lugares más seguros según los niños.

Al final de la conversación, la mayoría de los niños estuvieron de acuerdo en que sus casas y la escuela, en especial el aula, eran lugares seguros, menos María, quien argumentó: "Si el aula es un lugar seguro, ¿por qué la puerta siempre está cerrada?" Una respuesta relacionada con un aspecto cultural, porque en algunas ciudades y municipios, la gente mantiene la puerta abierta, porque se conocen, se respetan, conviven en vecindades cercanas que en su mayoría están conformadas por familiares. En este caso el hecho de tener un salón de puertas abiertas generaba para ella una conexión más cercana a la confianza. La maestra argumentó (y era cierto), que afuera había mucho ruido, los estudiantes de otros cursos se distribuían el horario ara salir al descanso por lo que la maestra tenía que subir el tono de la voz y algunos niños se distraían. Nuevamente ese fue un detonante que recordaba trabajar por una cultura ambiental en la institución.

En comparación con lo anterior, cuando se preguntó sobre calles, parques, hospitales, bibliotecas, centros comerciales u otros lugares comunes, y el transporte público; lamentablemente, nadie se sentía seguro allí, a menos que estuvieran sosteniendo una mano de un adulto conocido. Esta experiencia ofreció la posibilidad de explorar qué lugares consideran los niños como lugares seguros para ellos. Además, se pensó en la necesidad de corresponsabilidad entre las instituciones como Urban argumenta los "Sistemas Competentes" (Urban, et al. 2012, p. 509). ¿Los adultos con las palabras y acciones promueven una cultura de miedo en lugar de una cultura de paz? En la comunidad de diálogo, surgieron otras respuestas para reflexiones adicionales:

Practicante: ¿Qué esperas de los adultos?

Julia: Si ayudo en casa, mis padres me quieren.

La respuesta de Julia mostró uno de los aspectos a tener en cuenta "¿Podemos escuchar la voz de los niños de manera genuina?" (Robinson, 2014, p. 80). El diálogo para promover la paz debe ir más allá de la formulación de preguntas y respuestas, lo que significa que debe crear acciones concretas y significativas para transformar sus microsistemas más importantes, como el hogar y la escuela, y luego la comunidad.

En conclusión, el diálogo se presenta como una herramienta fundamental para la promoción de la ciudadanía global, especialmente en contextos de conflicto y diversidad. En el proyecto desarrollado en una escuela de Chía, Colombia, se demostró cómo el uso del diálogo puede crear espacios seguros y participativos donde los niños pueden expresar sus voces, intereses y emociones. Esta práctica no solo fomenta la empatía y el pensamiento crítico, sino que también permite a los educadores y responsables políticos reconocer y valorar las perspectivas de los niños, considerándolos como actores activos en la construcción de una cultura de paz.

El diálogo constructivo en la educación permite vivir procesos democráticos reales, donde se reconoce y respeta la individualidad de cada niño. Al escuchar atentamente y actuar en base a las voces de los niños, se promueve un sentido de pertenencia y responsabilidad social, esenciales para la ciudadanía global. Esto implica una corresponsabilidad entre la escuela, la familia y la comunidad en general, creando ambientes que no solo protejan físicamente a los niños, sino que también los nutran emocional y socialmente. En última instancia, fomentar una cultura de diálogo en las escuelas es un paso crucial para desarrollar ciudadanos globales conscientes y comprometidos, capaces de enfrentar los desafíos globales con una perspectiva inclusiva y solidaria.

REFERENCIAS

Boix- Mansilla, V. (2015). Finding our way into each other's worlds: musings on cultural perspective taking. Project Zero. Harvard Graduate School of Education. https://pz.harvard.edu/resources/finding-our-way-into-each-others-worlds-musings-on-cultural-perspective-taking

Bronfenbrenner, U. (1981) The ecology of human development: experiments by nature and design. Harvard University Press.

Clark, A. Moss, P. (2011). Listening to young children, the mosaic approach. (2nd edn.) London: NCB

Darder, A. (2002) Reinventing Paulo Freire. Oxford: Westview.

Edwards, C. Gandini, L. Forman, G. (2012) The hundred languages of children. The Reggio Emilia experience in transformation. (3rd edn.) United States of America: Praeger.

High Commissioner for Peace (2016) Summary of Colombian's Agreement to End Conflict and Build Peace. Presidencia de la República. Available in: http://www.altocomisionadoparalapaz.gov.co/herramientas/Documents/summary-of-colombias-peace-agreement.pdf (Accessed: 13 March 2019)

Meadows, S. (2010). The child as social person. USA: Routledge.

Ministerio de Educación (2015) Ley 1732 de 2015 Cátedra para la paz. Available at: https://www.mineducacion.gov.co/1759/w3-article-381604.html (Accessed: 1 March 2019)

Ohlsson, R. (1998) An early form of the Community of Inquiry: the study circle. Thinking: the journal of Philosophy for Children. 14 (2), 27-28. DOI: 10.5840/thinking19981426

ONU Migración [OIM]. (2024). Estudio de la OIM: Los migrantes y refugiados venezolanos en Colombia generan un impacto económico equivalente a 529,1 millones de dólares. En: https://www.iom.int/es/news/estudio-de-la-oim-los-migrantes-y-refugiados-venezolanos-en-colombia-generan-un-impacto-economico-equivalente-5291-millones-de-dolares#:~:text=Colombia%20acoge%20a%20la%20mayor,econ%C3%B3mica%20y%20cultural%20de%20Colombia.

Ritchhart, R., Church, M., & Morrison, K. (2014). Hacer visible el pensamiento. Cómo promover el compromiso, la comprensión y la autonomía de los estudiantes. Paidós.

Robson, S. (2012) Developing children and understanding in young children, and introduction for students (2nd edn.) USA: Routledge.

Robinson, M. (2014) The feeling child, laying the foundations of confidence and resilience. New York: Routledge.

Sharp, A. Reed, R. (1992) Studies in Philosophy for children. United States of America: Temple University Press.

Skliar, C. (2010) Estar juntos. [You Tube]. Available at: https://www.youtube.com/watch?v=fO7lJvpO1jI (Accessed: 10 March 2019).

Skliar, C. (2012) La infancia, la niñez, las interrupciones. Childhood & Philosophy, 8 (15), pp. 67-81.

Skliar, C. (2018) "En tiempos inciertos abrimos la conversación" Carlos Skliar-25 años Escuela Dante Alighieri. [You Tube]. Available at: https://www.youtube.com/watch?v=UzMz55XSPmI (Accessed: 7 March 2019)

Strong-Wilson, T. Ellis, J. (2007) Children and Place: Reggio Emilia's Environment As Third Teacher, Theory Into Practice, 46 (1), pp. 40-47, DOI: 10.1080/00405840709336547

Tovey, H. (2007) Playing outdoors: spaces and places, risk and challenge. Published Maidenhead: Open University.

Tovey, H. (2017) Bringing the Froebel approach to your early years practice (2nd edn.) New York: Routledge.

Trevarthen, C. (1998) The child's need to learn a culture. In Woodhead, M. Faulkner, D and Littleton, K. (eds) Cultural worlds in early childhood. Eastbourne: Routledge. pp. 87-100.

United Nations (2018) Children and armed conflict. Available in: https://childrenandarmedconflict.un.org/where-we-work/other-countries/colombia/ (Accessed: 10 March 2019)

Urban, M., Vandenbroeck, M., Laere, K., & Lazzari, A. (2012). Towards Competent Systems in Early Childhood Education and Care. Implications for Policy and Practice. European Journal of Education, 47(4), pp. 508 - 526.

Wilson, D. Krechevsky, M. Mardell, B. Rivard, M. (2013) Visible learners promoting Reggio-inspired approaches in all schools. Jhon Wiley & Sons, Incorporated. Available at: https://ebookcentral.proquest.com/lib/roehampton-books/reader.action?docID=1210951&ppg=125 (Accessed: 10 March 2019)

Wolfe, J. (2002) Learning from the past. Historical voices in Early Childhood Education. (2nd edn.) Canada: Piney Branch Press.